本书为甘肃省哲学社会科学基金项目"乡村振兴视域下媒介生态对甘肃乡村女性群体的消费观念与行为影响研究"（2022YB028）的阶段性成果

智能社会与社会治理心理学丛书

Rethinking Consumption in the Media Landscape

媒介视野下的消费新思

基于一个西北村落生活变革的考察

An Investigation of Life Transformations
in a Northwestern Village, China

云庆 著

中国社会科学出版社

图书在版编目（CIP）数据

媒介视野下的消费新思：基于一个西北村落生活变革的考察 / 云庆著. -- 北京：中国社会科学出版社，2025. 5. --（智能社会与社会治理心理学丛书）.
ISBN 978-7-5227-4674-6

Ⅰ. F126. 1

中国国家版本馆 CIP 数据核字第 2025R7W666 号

出 版 人	赵剑英	
责任编辑	黄　丹	魏厚宾
责任校对	周　昊	
责任印制	李寡寡	

出　　版	中国社会科学出版社
社　　址	北京鼓楼西大街甲 158 号
邮　　编	100720
网　　址	http：//www. csspw. cn
发 行 部	010 - 84083685
门 市 部	010 - 84029450
经　　销	新华书店及其他书店

印　　刷	北京明恒达印务有限公司
装　　订	廊坊市广阳区广增装订厂
版　　次	2025 年 5 月第 1 版
印　　次	2025 年 5 月第 1 次印刷

开　　本	710 × 1000　1/16
印　　张	13
字　　数	160 千字
定　　价	68. 00 元

序

　　印象中我很少给他人的书作序，以往受到邀请通常会婉拒。因我有自知之明，虽然从教三十余载，辛勤耕耘，但算不上名师大家，所作序言不会给他人书籍增光添彩，也就觉得没有必要。我的学生中，无论是本科生、硕士生，还是博士生，都曾写出过一些优秀的毕业论文，给我留下深刻印象，也令我引以为傲。多年之后，回想当时他们的研究和写作过程，很多交流、讨论的画面历历在目，遇到的难题、趣事至今记忆犹新。云庆的新书《媒介视野下的消费新思：基于一个西北村落生活变革的考察》是在她的博士毕业论文的基础上修改而得，她的博士毕业论文写作，从选题到研究实施，花费了很多心力。毕业后，她坚持走学术研究的道路，陆续发表了一些研究成果，也不断对博士毕业论文打磨修正，近期打算付梓出版。没有婉拒她的邀请，写下此序，纯粹是因为了解她的坚持和努力，以表达情感上的支持和鼓励。

　　正如所有的学术论著，需要细细品读才能知其要义和价值，为写此序，我通读了全书，发现书中内容相比于博士毕业论文，有很大的改动，反映出作者近几年在相关研究领域有了更宽广的阅读积累和思考沉淀。前期实施，以两年多的考察、观察和访谈，结合一手文献资料，为研究打下基础。这使得本书对农村现实生活的细致描摹得以实现，如对国家精准扶贫政策解读的具象化，对村民生活和消费的细微呈现。作者捕捉到农村消费与城市消费的重要区别在于农村生产资料消费的存在和重要地位，并加以重点阐释，同时引入历时性的研究脉络以观照传统文化对现实生活的影响，这些都应该是研究者深度思考的体现。相关内容都将大大拓展读者对农村生活和农村消费市场的认知。作者从媒介与消费互构的角度展开传播学与社会学跨学科的研究，在对所观察村民无论是消费行为还是媒介使用，乃至生活方式的解读时，都给予相应的理论观照，进行相关学科理论本土化的有益探索。

实话来说，对于只有城市生活经验的研究者展开涉及农村的研究是非常困难的，似乎只是保有作为局外人的客观性成为研究的优势。因为缺乏农村生活经历，不能像局内人那样具有天赋经验，对于潜在的、隐含的信息难以把握和理解，即使对研究方法本身加以完善也难以弥补。对此，在未来的研究中只能花大力气去填补，花更多的时间、更多的精力深入农村生活，一步一个脚印地走下去。

期待看到作者更多的研究著述！

黄京华

2024 年 8 月 20 日

目　　录

第一章

理论纵深:媒介变迁视角下的农村消费

第一节　选题依据

一　中国农村——消费新形态与新潜力

随着经济全球化步伐加快,中国日益融入世界经济体系,经济迅猛增长的同时,也面临着产业结构优化升级与科学发展的全新课题。鉴于中国独特的城乡二元经济结构与社会背景,农村成为推动中国式现代化进程中不可或缺的重要一环。习近平总书记在党的二十大报告中指出,全面建设社会主义现代化国家,最艰巨最繁重的任务仍然在农村。国家统计局数据显示,截至 2023 年,中国农村人口规模依然庞大,达 47700 万人,约占全国总人口的三分之一,具有巨大的市场潜力。

因此,农村不仅是实施扩大内需战略的关键阵地,也是未来经济增长的重要引擎。积极促进农村消费,充分激发农村市场的内在活力,不仅能够为经济增长注入强劲动力,更能在经济大局中发挥消费"稳定器"的作用,成为经济平稳运行的"压舱石"。近几年,优化农村消费环境、提高农民收入水平相关措施,可以有效释放农村消费潜力,推动形成城乡消费良性互动、协同发展的新格局。

近年来,电子商务与物流体系日益发达,农村居民的消费供给和消费环境均得到了显著改善。农民人均消费支出增长率连续多年超越城镇居民,同时,农村居民的消费结构也在发生积极变化①。农村作为消费市场的蓝海,备受各行业关注,电商平台如"拼多多"的迅速崛起便是农村市场活力的实践证明。

"三农"问题长久以来都是学者们关注的重点,它不仅是多个学科研究的重要议题,也是构建中国自主知识体系的关键领域。在中国现代化的历史进程中,农民消费行为在持续转型。本研究从农民群体的日常生活消费切入,以微观视角探讨农村消费问题,并尝试从历史维度透视农村消费的发展与变迁。

二　西北农村——乡土中国的消费原生态

正如费孝通先生所言,"从基层上看去,中国社会是乡土性的"②,这种乡土性是中国价值观的核心,根植于中国人的生活观念之中。对中国基层的研究,可加深对中国社会的认识。在经济发展的驱动下,东部沿海地区产业发展快、区域优势明显,农民收入来源多且生活富足。而西北地区深处中国内陆,发展相对滞后,产业较为单一。社会形态也停留于传统的农村形态。研究西北农村地区,关注中国原生态的传统农村社会,除了消费增长与市场下沉价值的考量,更是出于对中国基层社会现实的观照。

伴随着城镇化建设,大量农民离开农村走向城市,农民群体是城市建设者的重要构成,农村人口与生产方式发生了巨大

---

① 乔金亮:《乡村是消费增长"新一极"》,《经济日报》2020 年 12 月 1 日,ht-tps:∥www.gov.cn/zhengce/2020 - 12/01/content_5566078.htm。

② 费孝通:《乡土中国》,中华书局 2013 年版,第 1 页。

变化。由于生产与消费的逐步分离,农民的日常生活也在发生着巨大的变革。在这一过程中,互联网作为一个重要变量深度介入村民生活。如今的西北农村社会与农民生活形态已经发生了翻天覆地的变化,因此适时对其加强关注并加以研究,具有重要意义。

三　走向田野——媒介影响下的消费行为

媒介是社会的重要构成,与人的日常生活深度融合。对媒介的研究首先应将其放置于整个社会结构当中。从媒介的历史梳理,媒介的出现、发展与变革,与社会成员的交往活动均息息相关。

希尔费斯通（Roger Silverstone）在《中介与交往的社会学》中认为,"communication"使社会成为可能,也使社会得以表现[1]。媒介变革对人类行为的改变是深刻的,梅洛维茨在对以电子媒介主导的大众传播环境的反思批判中,建构了"新媒介—新场景—新行为"范式,以此阐释了媒介对人类生活空间与行为的形塑作用。在互联网环境下,该范式同样具有理论意义。

互联网和新媒介技术极大地提升了信息的传递效率,丰富了农民的知识获取途径,有力地推动了农村教育和知识水平的提高。同时,新媒介技术为农民提供了全新的社交和互动平台,打破了地域限制,拓宽了交往圈子,增强了社会互动频率。手机已然成为农村居民获取信息、开展社交活动和进行消费的首要平台。借助数字媒介,农民可以便捷地获取消费信息,进而

---

① Roger Silverstone, "The Sociology of Mediation and Communication" in Craig Calhoun, Chris Rojek, Bryan S. Turner, *The Sage Handbook of Sociology*, California SAGE Publications Ltd., 2005, p. 188.

影响到他们的消费决策过程以及消费行为。

传统媒介对人类行为的改变，更倾向于对媒介使用行为的改变。而互联网已深度融于社会生活中，对人的改变深入意识形态领域，所以，本研究在对消费活动观察的过程中，充分考虑农村日常生活情境，关注人们如何在媒介互动中展开消费实践，以及建构出怎样的消费观念，进而研究人们在人际互动、虚拟信息互动过程中产生出怎样的消费生态，并在此基础上对农村消费文化进行反思。

四　物质与精神——消费研究的双重面向

媒介形态的演变形塑着人类生活，当下是互联网主导的媒介环境，互联网以其深度与广度重构了时间与空间的叙事模式，并在物质与精神方面体现出不同的向度与作用。在农村社会，伴随媒介技术手段的演进，农民的日常生活也经历着变革。移动互联网普及的农村与"快手"相伴的日常是农民生活表象，其背后深层次原因是农村经济、政治、文化的共同作用。

经济环境改善的直接结果是物质生活得到满足，从而为精神生活提供了经济基础，物质与精神是两条关键的研究路径。农民群体的日常生活、价值观念与精神世界呈现出怎样的形态，与其紧密连接的媒介发挥了什么作用，物质生活环境的变革使得农民群体处在怎样的文化环境中，这些都是本研究需要回应的问题。

在物质层面，随着经济的发展和农村居民收入的增加，农民的物质消费水平不断提升。互联网平台为农民提供了更多的消费选择，电商的发展使得农产品和日用品的获取更加便捷，满足了农民日益增长的物质需求。与此同时，农村的消费结构也在发生巨大变化，农民消费不再局限于基本生活用品，消费物品不断升级,如更新家用电器、优化代步工具、丰富电子产品等,均在反映着农民物质生活的改善和生活水平的提升。

在精神层面,随着互联网的普及,农民的精神文化生活也变得更为丰富。通过互联网,农民可以接触到各种文化娱乐资源,参与到更广泛的文化交流中。短视频等社交媒体平台不仅是娱乐工具,更成为信息获取与建构关系的重要渠道。更为关键的是,在精神消费发生变革的同时,村民的社会认同与价值观念也在发生转型。

在物质生活和精神生活的双重推动下,农村社会的生活也正在发生深刻变革。通过对农民日常生活的微观考察,本研究试图揭示媒介形态的演变如何影响农村的物质与精神消费,进而为理解农村社会的发展与变化提供新的视角。

五　历时与共时——农村消费的全面考察

对消费问题的研究需要有相对开阔的历史视野,消费的当下形态必然受到历史因素的影响。从古代的"黜奢崇俭"到改革开放以来的"艰苦朴素",既一脉相承又各具特点。农村居民消费什么,不消费什么,均是农村环境、代际价值传递的结果。将农村消费置于时间的纵向维度考察,才能进行更深入的思考。此外,农村还存在多种非典型的、非技术的媒介形态。例如,货郎这一群体,就是一种非典型媒介,其在媒介与消费层面具有多重价值。中华人民共和国成立初期,西北农村的商品经济不发达,货郎担着可供出售的物品游走于不同农村,是这一时期村民购买生活必需品的重要途径。货郎来来去去,一旦出现在村内便会形成临时集市。此种消费形态一直持续到农村商品流通繁荣起来才逐渐消失,对村民的消费观念产生影响且具有一定延续性。然而,货郎的作用不仅在商品流通的环节,更重要的在于其发挥了农村媒介的作用,是村民建构"外部世界"观念的重要组成。用历史发展与变化的眼光观照农村的媒介环境与消费行为,是本研究的基础内容。

从共时性的角度来看,关注村民在各个历史时期的互动行为,任何一种行为变化,抑或是整个农村的消费方式的变化,均受到政治、经济、社会发展等多重因素的影响。消费从来不是孤立存在的、单一的社会现象,还勾连了社会结构、社会文化环境的变迁。笔者进入田野进行调研时,正好处在国家精准扶贫与乡村振兴等政策实施的过程中。研究试图用社会整体与消费局部、价值观念整体与消费观念局部的对照,透视农村的消费生态,进而揭示当下的农村消费处于什么样的社会环境中,分析虚拟空间与实体空间交互影响下的消费特征,并考究媒介在其中扮演的角色。

第二节　文献综述

一　以农村为对象的传播学的本土话语自觉及其发展

(一)农村传播研究的政治经济学转向

长期以来,对农村社会的传播学研究与人类学、社会学纵横交错。传播学者通过汲取社会学、人类学的研究范式,拓展了传播学的论域与研究实践。王铭铭曾提到,传媒文化研究者所面对的问题是如何在研究中引进生活方式的概念,视传媒文化为现代生活过程的一部分,社会人类学者面对的问题,是如何在生活方式的体验和分析中包容传媒文化的成分。[1] 对农村传播环境的认识应该产生于农民的日常生活中,并以农民的"生

---

[1]　王铭铭:《传媒果代与社会人类学》,《新闻与传播研究》1996年第4期。

活方式"为基础,强调农民的主体性作用,再将农民对媒介使用的观察贯穿其中。基于此种认识,使用人类学的相关方法进行研究,是一种相对科学的方式。对这一方法的运用,也经过了传播学者的探索。沙垚认为,国内的传播学者使用社会人类学的方法进入农村社会进行考察,是以发展为视角,研究农民对现代媒介的接受程度、接受方式,或者研究现代媒介对农村关系网络、文化心理、社会结构的冲击与建构。赵月枝认为,发展传播学的研究路径,所关心的是"有可能作为共产主义根源地的第三世界的农村",其中隐含着"西方资本主义的宏大叙事",认为需要通过现代传播技术,把农民从传统的束缚中解放出来,让他们获得以进取为特性的现代主体性,进而纳入全球资本主义的体系。① 这样的研究落入西方传播学研究话语体系,其适用性值得反思,正如关琮严提到的,"自传播学引入中国,就有一种注脚型的研究形态,该类研究致力于用中国的现实情况来验证西方的传播学经典理论与方法,其目的是考察传播理论与方法在中国的适用性"②。随着研究的深入,中国的一些学者产生理论研究自觉,主动摒弃西方中心主义的发展理论,转向中国的社会实践,建构基于中国现实的传播学理论与分析话语体系。当下的农村传播研究已经呈现出从历史、文化主体、生态、劳动、新媒体、技术等各个层面发展的新动向,这种新动向以传播政治经济学为视野,传播研究不等于媒体研究,应当将传播放置于社会、政治、经济、文化等多重关系中考察,以人类学为方法论,并保持文化反思。③

---

① 沙垚:《重构中国传播:传播政治经济学者赵月枝教授专访》,《新闻记者》2015 年第 1 期。

② 关琮严:《媒介与乡村社会变迁研究述评》,《现代视听》2012 年第 8 期。

③ 沙垚:《乡村传播研究的范式探索》,《新闻春秋》2015 年第 4 期。

本研究聚焦于西北农村场域,考察农民群体在传播环境中的主体性建构,对构建传播学科的自主知识体系具有一定的理论贡献与实践意义。"中国西北地区在'一带一路'与'乡村振兴'中的历史文化及地缘政治经济地位,在重构中国新闻传播研究的主体性,尤其在东西方关系与城乡关系视野下进行在地化知识创新有得天独厚的优势。"① 本研究亦是在中国乡土文化的基本观念里考察农民的传播实践活动,在对农村文化的反思中,分析媒介对传统消费观念的解构与传承。同时,也会涉及农民对现代媒介的接受程度、接受方式等问题,并将其作为了解媒介与农村社会互动的一种方式。研究主要观察技术媒介在西北农村扮演了什么样的角色,对消费行为与观念起到什么样的作用。相较于电视等传统媒介,移动互联网在村民交往实践中处于什么地位。村民用怎样的消费实践构建出自己的生活场景,电商平台在这种场景中发挥了什么样的作用。当然,这些分析要结合上述传播政治经济学的立场与视角,充分考虑农民的主体性。

(二)面向中国基层的传播学研究

对传播学研究经验进行历史追溯,中国媒介与传播学研究有两个较为成熟的路径,一是从"他者"角度,带着外来者的观念与想象考察自身的"问题",这也是早期中国研究者的惯用思路;二是把眼光集中在城市生活,新闻传播史自诞生以来,便过于注重"上海—香港"这一沿海走廊上的大众媒介活

---

① 赵月枝、祝盼、梁媛:《在中国西北想象"新地球村"——赵月枝教授谈全球视野下的乡村文化传播研究》,《中华文化与传播研究》2020 年第 1 期。

动,将"中国庞大的内陆乡村和底层世界"遗忘了①。而本研究将关注点置于中国基层的重要构成,即农村社会,把农民作为实践主体,避免用发展中的农村与现代化标准审视农村的"落后"与"问题"。卜卫等学者用"为底层发声"的视角提出媒介"赋权",赋权是边缘群体重新获得自己拥有的权利和主体性,并有效地行使权利的能力和过程。②怎样在媒介赋权的功能与框架下表达以底层为主体的声音,用底层为主体的话语表达与分析方式,这也是本研究的基本视角。

既有研究也有以农村为单位的媒介考察,倾向于以某种技术媒介为中心,考察媒介对农村社会的影响,关注媒介触发的社会互动行为。如郭建斌研究了电视对云南独龙族的影响,金玉萍研究了看电视行为对托台维吾尔族村民日常生活的影响。国外的相关研究中,戴维·莫利和柯克·约翰逊考察的也是电视对受众群体的影响和文化建构作用。但是,电视媒介发挥的作用正在随着观看电视行为的减少而式微,移动互联网正在发挥主流媒介作用。村民使用行为不再是"看"的单一行为,村民也不只是"受众"这一种身份,仅考察一种媒介不足以支撑对农村社会日常生活的整体性的把握。基于此,应该以农民的实际交往、交流为中心,重新审视农村的媒介环境。所以,本研究的媒介观念不局限于工具媒介,将农村日常生活作为观察对象,引入"空间""场景"和"场域",在分析农民媒介使用与信息交流,进而观照农村消费问题。

---

① 王维佳:《现代中国空间政治变迁中的知识分子与文化传播》,《天涯》2011 年第 5 期。

② 卜卫:《"认识世界"与"改造世界"——探讨行动传播研究的概念、方法论与研究策略》,《新闻与传播研究》2014 年第 12 期。

二 农村场域的消费研究范式

(一)社会结构动态变化下的农村消费问题

新时代以来,推进城乡一体化成为新的时代要求,城乡结构变化是农村发展研究的重要路径,社会结构变化是认识农村社会、政治、文化生态的基础。农村消费形态的演变过程与农村社会发展、政治环境、经济建设息息相关。农民群体的消费行为、媒介使用状况等表象都能置于农村社会结构发展脉络中进行本源性思考,这也是本研究将历时性与共时性同时纳入研究视角的具体体现。

以社会结构的动态变化为背景,中国的现代化与城市化是研究消费的基础。正如李培林指出的,社会结构转型所形成的变革和创新的力量在很大程度上影响着资源的配置状况和社会的发展方向。① 改革以来,最巨大、最显著的社会结构转变就发生在农村②。农村人口外流从根本上改变了农村的生产结构。陆学艺在论著《"三农"续论——当代中国农业、农村、农民问题研究》中对中国农民问题有较为精准的把握:农民众多、农民太穷、农民分化与农民太弱是农民存在的典型问题。③ 随着社会经济的发展,虽然这些状况有所改善,但农村发展相对滞后的问题一直存在,城乡居民消费方面仍有较大差距。

费孝通与王沪宁都基于中国农村文化传统对农村消费问题进行了观察,并从农村生产与生活方式统一的角度展开,研究中国农村社会结构的基本面,思考了中国农村家庭、组织、文

① 李培林:《社会转型与中国经验》,中国社会科学出版社 2013 年版,第 22 页。
② 李培林:《另一只看不见的手:社会结构转型》,《中国社会科学》1992 年第 5 期。
③ 陆学艺:《"三农"续论——当代中国农业、农村、农民问题研究》,重庆出版社 2013 年版,第 83 页。

化等更深层次的问题。王沪宁认为,家庭自给自足的生活生产方式为中国村落家族提供了生存资源,对家族文化的维系至关重要。① 费孝通指出,对农村家庭的消费不能不顾及生产的费用,农村家庭的生产费用比生活费用固执得多,生产费用缺乏伸缩性,而生活消费即使是在食物方面的消费也具有一定的伸缩性。② 这也是本研究从生产消费研究入手的理论依据。

此外,边燕杰从社会阶层的视角把握城乡群体的流动变化,观照农民工、农村大学生群体,并使用量化研究的方式得出社会资本与阶层固化的相关结论。而且,他所编著的《中国西部报告》,与本研究的田野目的地有重合之处,对本研究中农村文化流变、村民价值观念梳理起到重要作用。李培林等由社会分层到消费分层的思考,从对消费现状的把握到消费趋势的预测,丰富了本研究的理论维度。社会学者擅长从城乡差异视角观照农村消费的特点。张翼等认为,消费资源的不平等造成了城乡消费的不平等③;田丰指出,城乡居民家庭耐用消费品的差异不仅表现在数量上,还表现在品质上,城乡居民的消费结构差异较为明显④。这些都是展开田野观察的基础。

(二) 基于行为经济学对消费规律的基本把握

经济学对消费的研究由来已久。国外关于消费的经典理论较多,对消费行为规律的研究有较多积累。行为经济学作为经

---

① 王沪宁:《当代中国村落家族文化——对中国社会现代化的一项探索》,上海人民出版社 1991 年版,第 108 页。

② 费孝通:《江村经济》,上海人民出版社,第 425 页。

③ 张翼、林晓珊:《消费不平等:资源支配逻辑和机会结构重塑》,《甘肃社会科学》2015 年第 4 期。

④ 田丰:《城乡居民消费状况和消费特征》,载李培林《当代中国城市化及其影响》,社会科学文献出版社 2013 年版,第 73 页。

济学的一个细分领域,结合心理学,提升了经济学的解释力。[①]
凯恩斯在1936年提出的"绝对收入假说",用以揭示收入与
消费的关系,收入的增减会影响消费的增减。"棘轮效应"
认为,人的消费习惯具有不可逆转的特征,即人们会随着收
入的增加而提高消费,但一般不会随着收入的下降及时调整
自己的消费,即消费是受相对的收入水平影响。"示范效应"
揭示了消费过程中参照群体的作用,周围人收入若是增加
了,没有提高收入的人也会向周围人看齐,从而增加自己的
消费,也被称为"相对收入假说"。这些是理解农民消费观
念的重要基础。

国内的消费经济学研究开始相对较晚。尹世杰的《社会主
义消费经济学》对中国消费需求、消费水平、消费环境、消费
行为影响因素等相关问题进行了研究。肖立结合中国农村的具
体情况,指出我国的农村消费仍旧是以生存消费为主要方面。[②]
曲兆鹏与赵忠从生命周期理论框架出发,利用量化研究,考察
了农村消费及收入不平等与人口老龄化的关系。[③] 范剑平和刘国
燕通过将农村居民1985—1998年与2001—2010年两个阶段的消
费结构变动趋势进行对比,指出如果实行积极的城乡一体化经
济发展政策,农村消费将成为拉动中国经济增长的重要力量。[④]
近几年,农村消费成为扩大内需的重要抓手,对构建发展新格

---

① [美]凯莫勒等编:《行为经济学新进展》,贺京同等译,中国人民大学出版社
2009年版,第3页。

② 肖立:《我国农村居民消费结构与收入关系研究》,《农业技术经济》2012年第
11期。

③ 曲兆鹏、赵忠:《老龄化对我国农村消费和收入的不平等的影响》,《经济研究》
2006年第12期。

④ 范剑平、刘国艳:《我国农村消费结构和需求热点变动趋势研究》,《农村经济
问题》2001年第1期。

局与实现共同富裕都具有重要意义。①

经济学对农村消费形态的研究多倾向于经济状况、收入与消费关系等宏观层面,较少从日常生活等微观层面进行剖析。对消费问题的认识,需要不同学科的介入。

(三) 注重城市的消费文化研究

对消费文化的研究发轫于 18 世纪的英国,繁荣于城市规模化的美国,素来具有对资本主义制度下城市生活批判的烙印。对消费社会的反思也是建立在以福特主义为代表的大规模工业生产所催生的社会形态之上,其典型特征就是反思生产与消费在工人与家庭层面的剥离。② 城市为消费提供了空间与物质层面的保障。齐美尔认为,城市在经济上的高度分工与专业化加剧了人的竞争,在人对自由的天然追求与多元需求的驱动下,差异化的诉求转化为个人独特存在的欲望③,这使得人对物质本身属性的消费转向其他附加价值。鲍德里亚对商品拜物教的批判也建立在城市的商业发展中。他认为,被消费控制的具有城市意味的空间容纳了消费的完整阶段,甚至杂货店、现代机场等场所也具有城市的基本功能。④ 对城市场域的反思性批判,构成了鲍德里亚符号政治经济学的核心。凡勃伦在《有闲阶级论》中提到,消费被认为是提高声誉的手段,其与人际接触、人口流动息息相关,城市人口天生更为渴望炫耀性消费带来的特殊

---

① 张义博、涂圣伟:《构建新发展格局下扩大农村消费的路径与对策》,《宏观经济研究》2022 年第 11 期;谢玲红、魏国学:《"十四五"时期扩大农村消费的形势及建议》,《宏观经济管理》2022 年第 4 期。

② 罗钢:《西方消费文化理论述评(上)》,《国外理论动态》2003 年第 5 期。

③ 〔德〕齐美尔:《桥与门——齐美尔随笔集》,涯鸿、宇声等译,上海三联书店 1991 年版,第 273 页。

④ 〔法〕鲍德里亚:《消费社会》,刘成富、全志钢译,南京大学出版社 2000 年版,第 5 页。

的自我满足。①沙朗·佐金在《城市文化》中用文化生产与再现反思了人与艺术空间、经济空间的互动,在资本、经济、文化的共同作用下,美国的迪斯尼主题公园、博物馆、餐馆、购物中心成为佐金的观察对象,城市既是现代生活方式研究的理论视角,又是现代生活方式研究的经验场域。从城市进行消费文化研究有其内在的关联与逻辑,城市的百货商场、游乐场等均是消费文化研究的重点对象。

受鲍德里亚等人的马克思主义消费批判路径的影响,国内对消费文化的研究也在批判层面多有建树,并结合不同消费现象,对消费主义及其异化论述较多。然而,正如鲍曼提出的"消费者社会"所指出的,消费是与现代人的生存同等重要的问题②,需要重视消费对意识形态的基础性建构作用。消费关系到人对自我、他者以及社会的基本认知。相较于文化批判相对静态的研究而言,结合日常生活的动态观察,对消费活动的研究具有对社会现实的阐释功能。诚然,消费文化需要基本的物质基础。费瑟斯通指出,在消费商品、为购买及消费而设的物质文化等场所是消费文化的前提预设③,这也是中国消费文化研究长期聚焦于城市的根本原因。

改革开放以来,随着市场作用的发挥,日趋活跃的消费环境催生了中国城市特有的消费文化。中国城市迈入"大众化消费"的阶段,戴慧思(Deborah Davis)与卢汉龙在《中国城市

---

① [美]索尔斯坦·凡勃伦:《有闲阶级论》,凌复华、彭婧珞译,上海译文出版社 2019 年版,第 70 页。

② [英]鲍曼·齐格蒙特:《全球化——人类的后果》,郭国良、徐建华译,商务印书馆 2013 年版,第 77 页。

③ [英]约翰·费瑟斯通:《消费文化与后现代主义》,刘精明译,译林出版社 2000 年版,第 18 页。

与消费革命》一书中关注了上海的独生子女消费,魏安妮（Ann
Veeck）对南京的食品市场的关注,阎云翔对北京的麦当劳消费
的关注,范雅谷（James Farrer）对上海的舞厅的关注,王甘对
深圳保龄球时尚的关注等①,他们从新出现的消费样态切入,进
行了中国本土消费文化研究。周娟从文化研究与传播政治经济
学出发,通过对"拟态消费环境"的批判提出"精英消费"的
空间生产与影响②,这些研究都以城市为主体。李培林、朱迪等
从中国中产阶级群体入手,对社会生活方式与消费行为有较为
精准的把握。③

　　事实上,就中国社会发展的实际情况来讲,农村是不容被
忽视但又常常被忽视的地域,目前对农村消费文化与消费形态
的研究,还相对滞后。有学者提出,时至今日,基本没有谁去
研究农村家庭作为消费单位是如何影响家庭成员的日常生活
了。④ 个别学者如李洪君基于农村家庭消费唯美昂贵的婚纱照为
启示,研究了东北农村的消费文化⑤;马会基于农村社会的政治
经济环境与对消费现状的具体分析,提出中国农村居民消费能
力的提升路径⑥。然而,中国农村的情况较为复杂,不同地域农

　　① 戴思慧、卢汉龙编译:《中国城市的消费革命》,上海社会科学出版社 2003 年
版。
　　② 周娟:《"消费精英"空间生产:权力场域中的媒介拟态消费环境建构》,博士
学位论文,武汉大学,2015 年。
　　③ 朱迪:《城市化与中产阶层成长——试从社会结构的角度论扩大消费》,《江苏
社会科学》2013 年第 3 期。
　　④ 徐锋华:《中国农民生活 50 年写真——读〈私人生活的变革〉》,《社会科学评
论》2006 年第 3 期。
　　⑤ 李洪君:《当代乡村消费文化及其变革:一个东北村庄的物质、规范与表达》,
博士学位论文,华中科技大学,2014 年。
　　⑥ 马会:《中国农村居民消费能力提升路径研究》,博士学位论文,辽宁大学,
2015 年。

村的生活习惯、价值观念均有较大差别,对农村消费生活还需要更多的研究。

对于消费文化的研究多见于理论批判,就消费活动而言也大多从经济学的宏观视角进行分析,使用定性方法的研究相对较少。这或许是由于农村环境对学者来说较难深入,如果用调查问卷等会受限于受访者的配合度。民族志被认为是进入农村的有效方法,但也鲜见针对消费问题的研究。此外,中国的农村地域差异较大,不同地域的农村消费形态并不能用一种维度衡量,这就导致对西北农村消费的实证研究相对缺失。本书通过对中国农村消费一般特点的把握,结合西北地区的经济状况与消费实践,使用民族志方法研究农村消费问题。

三 以民族志进入农村社会的受众研究

20 世纪 80 年代,戴维·莫利等人开启新受众研究的新范式,使受众研究突破收视率与技术上的定量关系,转向参与观察和人种志等人类学研究。[①] 英国学者柯克·约翰逊的媒介与受众研究也采用民族志的方式,他以印度农村为对象,分析了与电视相关的消费主义、人际关系重建、人口构成的变化、话语霸权、人口迁移和信息弱势群体的出现等问题。莫利与柯克的研究,均是使用受众研究的经典范式,考虑效果、使用与满足、文化研究等。受众研究多聚焦在效果研究(effects)、使用与满足研究(uses and gratifications)、文学批评(literary criticism)、文化研究(culture studies)和接受分析(reception analysis)等方面,以民族志为方法研究以上问题,可以充分考虑受众所处

---

① [英]戴维·莫利:《电视、受众与文化研究》,史安斌译,新华出版社 2005 年版。

的社会情境与文化结构。

国内的学者也将民族志的方法运用于中国农村的媒介研究实践中。以郭建斌《家电下乡:社会转型期大众传媒与少数民族社区》为代表,形成传播学民族志研究的潮流。李春霞的《电视与中国彝民生活——对一个彝族社区电视与生活关系的跨学科研究》、尤游的《大众传媒在农村社区的角色变迁:湘中 S 村的个案阐释》等,都是传播学研究中使用民族志方法的成功范例。

有学者批判,当下的传播学民族志方法流于参与观察与深度访谈的外在形式,忽略了民族志背后丰富的学术脉络、理论关怀与问题意识。[①] 正如格尔兹在《文化的阐释》中提到的,民族志工作者是要将人放到他所在的"文化模式"或者"习俗整体"中,让"行动者"自己通过言语、行为,甚至是"挤眼"这样的小动作去进行文化表达,人类学者所做的就是"观察、记录、分析",即所谓的"深描"。受众是相对于传播的概念,而在人与移动互联网深度接触的过程中,人不仅是受众,更是"生活者"。研究引入生活者的概念,是为了将村民置于日常生活的研究视野中,通过参与式观察,在西北民俗环境里做到格尔兹所说的"深描",再进一步探讨村民在不同媒介影响下的消费活动。研究农村生活者在媒介接触的过程中建构出的概念体系,怎样影响消费观念与行为,消费物品对生活又产生了怎样的影响。使用"媒介—观念—行为—观念—媒介"的闭环路径考察的消费文化,还要注意将文化反思嵌入中国农村的真实语境中。

用民族志对农村的日常生活进行研究,通过对日常消费行为、交流活动以及观念建构来展现农村社会的变迁轨迹,并从日常生活中的琐碎细节去发掘隐藏其背后的社会关系变化,这

---

① 沙垚:《民族志传播研究的问题与反思》,《国际新闻界》2018 年第 6 期。

正好契合了人类学的研究路径,即通过有声有色的日常生活场景,探寻背后的深层意义。① 消费是浮于生活表面的现象,背后的动因是多方面的,搜集经验场域的"地方性知识"以充实研究内容,用参与式观察贴近农民生活,以对消费表象背后的深层次动因作出解释。

第三节 理论基础

一 媒介的空间属性:作为研究的底层逻辑

(一)何以为"媒介"

从村民日常生活中找到媒介与消费的互动关系,首先需要解决的问题是以怎样的媒介观念作为基础。从马歇尔·麦克卢汉开始,包括雷吉斯·德布雷在内的诸多学者对媒介的定义都较为宽泛。德布雷用"传承"(transmettre)而不是"传播"(communiquer),认为"传承"突破了传播指向的文字语言含义,包括行为、场所、文字、图像、文本、仪式等意义载体。② 的确,对信息传播活动的研究,应将其放置于具体的社会情境中,并将具有传播意义的各要素纳入进来。黄旦在《辨音闻道识媒介》中引用德布雷的媒介观点,认为媒介不限于"技术"或"物件","故凡是媒介,必是从关系着眼,否则就是技术或物件。传播学学者之所以习惯于将某种技术和机构(比如报纸)命名为媒介,在于预先设定其为实现跨时空社会交往"③。媒介

---

① 关琼严:《媒介与乡村社会变迁研究述评》,《现代视听》2012年第8期。
② [法]德布雷:《媒介学引论》,陈文玲、陈卫星译,中国传媒大学出版社2014年版,第5页。
③ 黄旦:《听音闻道识媒介——写在"媒介道说"译丛出版之际》,《新闻记者》2019年第9期。

是"中介",此"中介"是一个哲学层面囊括性最大的概念,凡是建构两者关系的都是中介。[①] 本研究对媒介的定义突破工具与技术概念,从建构人类行为与认知的角度出发,含义更为宽泛,也更贴近人类互动行为实践。

媒介与场景之间存在"被忽视的关联",梅洛维茨在《消失的地域》中提到,"……借着场景的隔离,通过描述相互之间有限的接触的社会意义,场景主义者提出了一个理论框架,用于研究新媒介带来的新交往模式"[②]。他将"媒介""场景""行为"之间进行了勾连与弥合,推进了媒介社会学研究的重要一步。有学者认为,"媒介"作为人类生活的环境,重新被界定为"容纳"人、技术权利、资本文化等不同要素的"行动场域"[③]。以交流实践过程观照媒介的构成,广播、电视、手机等"实物"是其中重要内容,而更为重要的媒介,存在于农村社会环境中庙宇、市集等空间中。

(二) 媒介的空间视角

长期以来,时间在社会科学的研究中具有优先属性。直到20世纪70年代,亨利·列斐伏尔、福柯、大卫·哈维等人的研究,开启了社会学研究的"空间转向"。其中,列斐伏尔以城市化为背景的空间实践反思产生巨大影响力,提出空间生产(the production of space)是一种生产方式。作为人的基本物质生活资料,人类需要社会化物质空间,需要持续不断地生产物质空间。吉登斯提到:"我们不能将空间看作是塑造社会集团活动赖以发

---

① 孙玮:《城市传播:重建传播与人的关系》,《新闻与传播研究》2015年第5期。
② [美] 约书亚·梅洛维茨:《消失的地域——电子媒介对社会行为的影响》,肖志军译,清华大学出版社2002年版,第18页。
③ 钱佳湧:《行动的场域:媒介意义的非现代阐释》,《新闻与传播研究》2018年第3期。

生的无内容的空维度,而是必须将它和互动系统的构成联系在一起考虑。"① 从空间视角耙梳人类的传播史,可以看到人类如何在拓展了的、再造了的空间中展开包括传播在内的社会生活,传播与空间二者经由人类交往实践呈现出一种互构的关系。② 孙玮认为,仅仅将媒介定义在信息传递的概念中,是窄化了媒介内容,若追溯传播产生的人类文明的初始状态,古希腊城邦本身就是媒介形态,实体空间也具有媒介传播的意义,因为在实体空间诸如广场、街道、建筑物等,都是重要的传递信息的媒介。③ 所以,农村社会空间也可以被视为具有空间属性的媒介。孙信茹提到,作为探寻传统农村社会和现代传媒的深层互动,并关注传媒对村落带来的社会整体性影响的研究来说,社会空间不失为一种有效的研究视角。④

综上所述,本研究的媒介概念不只局限于电视、互联网等传播技术媒介载体,而将家庭、广场、村民围坐的墙角、小卖部、村落的庙宇、戏台,三五农民围坐的墙边,甚至留守妇女互相"串门"等家庭场所等都作为"空间媒介",结合农民的日常生活,关注在此场域中的信息生产、消费活动与文化建构。

（三）数字媒介与虚拟空间

研究将互联网构筑的数字媒介空间视为虚拟空间,是建构村民消费活动的重要媒介。手机作为村民的生活必需品,贯穿了日常生活的方方面面,村民的物质与精神消费在虚拟空间中展开。

---

① [英]安东尼·吉登斯:《社会的构成》,李康、李猛译,生活·读书·新知三联书店1998年版,第518页。

② 王斌:《从技术逻辑到实践逻辑:媒介演化的空间历程与媒介研究的空间转向》,《新闻与传播研究》2011年第3期。

③ 孙玮:《作为媒介的城市:传播意义再阐释》,《新闻大学》2012年第2期。

④ 孙信茹、杨星星:《"媒介化社会"中的传播与乡村社会变迁》,《国际新闻界》2013年第7期。

在村民的消费生活中,实体空间与虚拟空间相结合,形成了复杂的农村消费场景。村民不仅通过线下小卖部和村镇超市满足日常生活需求,还通过电商平台有了更广泛的消费选择。网络购物、移动支付等新消费形式的普及,使村民能够享受与城市居民相似的便利条件,提升生活质量的同时,还促进他们消费观念的更新。

此外,数字媒介在村民的社会生活中也扮演着越来越重要的角色。首先,通过社交媒体与相关应用,村民可以维系与亲朋好友的关系,并向朋友分享生活点滴与情感体验。其次,数字媒介促进了知识与信息传播,村民可以通过互联网获取各种资讯,参与在线教育和技能培训,从而提升自身的素质。最后,数字媒介也为村民提供了更多娱乐选择。在线游戏、短视频平台等数字化内容,彻底改变了他们的文化娱乐生活。村民通过参与虚拟空间的活动,接触到了丰富多样的文化内容,开阔了视野。

二 媒介、农村社会与媒介社会化

长期以来,媒介观念是传播学研究的重要命题。媒介的变迁历史比口语、印刷、电子媒介到互联网的技术演进过程所涵盖的范围更大。而对此问题的讨论,不得不追溯到传播学的学科理论基础。传播学者从人类交往、交流的社会意义中寻找到传播学科的定位,在社会学理论中汲取资源。但现实情况是,传播学产生的基础及研究重点,一开始就在传播效果上,基于拉斯韦尔所圈定的研究领地,在"做什么""有何效果"等几个环节上循环往复、精雕细刻,缺少一个整体的构想[1],这势必导

---

① 黄旦:《听音闻道识媒介——写在"媒介道说"译丛出版之际》,《新闻记者》2019 年第 9 期。

致研究的窄化。而媒介与传播原本的社会功能与意义远比效果本身更有研究价值,或者说,面对人类行为丰富的意义生产过程,对媒介与传播的研究应该回归到社会学,并找到更可靠的知识谱系。

基于媒介与社会发展过程的互动关系,"媒介社会化"的研究成为传播学领域的一个重要转向。孙信茹认为,"没有大众传媒和传播活动介入的社会生活已然无法想象,无论基于何种角度对社会与传媒的关联作出解析,对于这种关系的描述都已然离不开'媒介化社会'的基本背景"①。

在 D 村,媒介对传统人际交往、社会规范产生影响。与电子媒介不同,互联网对农村的改变更为深刻,手机解构与重新建构着农民群体的内部与外部世界。D 村的大部分家庭已从电子媒介时代过渡到互联网时代,使用手机观看视频是主要娱乐活动,并在手机上完成社会交往的大部分内容。若将媒介理解推展至关系的建构功能,相较于技术媒介,实体空间发挥了更大的媒介作用。尤其是对于 20 世纪 90 年代末才逐渐普及电视的D 村,以人为核心的交流空间长期发挥着主要媒介的作用,这将在后文进一步探讨。

三　符码、关系、意义:媒介文化与消费文化的统一

尼克·史蒂文森用对"媒介文化"的讨论推动了大众传播意识形态与公共领域的相关研究,也探讨了受众自我认同、家庭权利关系以及意义符号的产生。周宪认为,媒介文化是一种全新的文化,它构造了我们的日常生活和意识形态,塑造了我

---

① 孙信茹、杨星星:《"媒介化社会"中的传播与乡村社会变迁》,《国际新闻界》2013 年第 7 期。

们关于自己和他者的观念,制约着我们的价值观、情感和对世界的理解,媒介文化成为我们当代日常生活的仪式和景观①。消费通过物与附属于物的符号,与人建立深度关联,进而产生社会意义,以符码、关系、意义为内容,"消费不但是物质生活过程,而且也是文化、交往和社会生活的过程"②。在这里,媒介与消费处于同等地位,都是"将个体裹挟到意识形态中"的手段,更是建构日常生活的途径。

从消费与媒介的关系来看,消费是媒介的使用方式,也是从媒介延伸出的内容。在传统媒介形态下,人际传播是村民消费信息的主要来源,而在互联网的影响下,消费信息数量较传统媒介时期呈指数级增长,消费内容也突破时间与空间限制,人的"非在场"消费成为可能,村民的消费观念与消费规范也产生了巨大变化。

四 媒介与消费的统一性

消费是构成人类日常生活的重要组成部分,是生活的基本动力,是人类赖以生存和发展的必要条件,也是驱动社会发展的核心因素。

在具体的社会实践活动中,消费的实际功能、意义与指向有一定区别。物质资料的购买与在公共空间中的时间消耗同属于消费活动,需要个体实际付出的成本不仅仅是经济学意义上的货币,也指向人的时间。对消费目的进行考量,消费过程可以同时满足物质与精神的需求。以媒介作为消费渠道,消费的

---

① [英]尼克·史蒂文森:《认识媒介文化:社会理论与大众传播》,王文斌译,商务印书馆 2013 年版,第 3 页。

② 王宁:《消费社会学》,社会科学文献出版社 2011 年版,第 1 页。

物质性与精神性可以达到统一。在当下的互联网时代,手机既可以是购物渠道,也可以是观看视频的工具,消费信息与媒介内容是统一的。在空间媒介视角下,媒介与消费的统一性更为凸显。空间是物质消费产生的前提,也是精神消费活动的基础。

(一) 消费的物质向度

在物质消费层面,本研究主要关注的是农民群体的物质需求满足。物质生活的满足是农民从事生产与消费的基本动力。农民与土地的关系直接决定了消费的内容,也在深层意义上决定了农民的价值观念。费孝通先生指出,"农村的消费系统与生产系统的分析引导到流通系统,通过市场销售,村民用他们自己的产品换取消费品,在市场销售中我们可以看到村子自给自足的程度,以及村子对外界依赖的程度"①。而随着生产与生活的发展,村民从"外界"获取物质资料的频率越来越高,在一定意义上加强了农村对外界依赖。维持农民生活需求的粮食从自给自足到向外购买,还影响着农民群体的认同,农民群体之间的沟通与融合因生产关系的变化也在发生根本性的变化。

从农民群体的消费生活史进行梳理,从物质缺乏到满足再到富裕的不同时期,物质消费体现出不同的特点。陆学艺先生在农村社会发展变化的论述中,指出农村发展的三个"黄金时代":一是1949—1955年,全国解放,土地改革;二是1978—1984年,实行家庭联产承包责任制;三是2004年开始,国家宣布减免农业税,给种粮农民直补②。在对D村消费生活史的梳理中,三个时期的消费活动体现出不同特点。多米尼克·戴泽认为,宏观社会观察层面的"消费"体现出社会归属性,次宏观

———————

① 费孝通:《江村经济》,北京大学出版社2012年版,第105—106页。
② 李培林:《社会转型与中国经验》,中国社会科学出版社2013年版,第51页。

社会观察层面的"消费"用于体现控制市场调节、购买力以及物资和服务质量的政治力量,微观社会观察层面的"消费"则着重体现家庭、朋友和人与人之间消费行为的相互影响。① 在本研究中,三个层面的内容均有所涉及。

(二) 消费的精神向度

关于精神生活的具体含义,学术界有多种说法。黄楠森在《人学原理》中认为,人们的精神生活主要包括人的心理活动以及作为人的生活方式的组成部分,专门指那些为了满足个人精神需要的活动总和。② 精神生活是相对物质生活的概念,马克思认为,物质生活的生产方式制约着整个社会生活、政治生活和精神生活。按照亚伯拉罕·马斯洛的需求层次理论来看,人的需求是按照生理、安全、社交、尊重、自我实现等依次出现,涉及精神方面的需求是相对高级的表现。中国古代就有对精神生活的相关论述,《管子》中说"仓廪实则知礼节,衣食足则知荣辱",当人的物质生活得到一定满足,对精神生活的需求也随即出现。

随着物质生产方式与社会环境的变化,精神生活在不同历史时期体现出不同样态。尹世杰认为,消费力可以分为物质消费力和精神消费力,精神消费力就是消费者为满足自己的精神文化需要而消费精神文化消费品的能力,③ 这里并没有具体指出精神文化消费品是什么。在本研究看来,精神消费特指为满足精神需求而从事的消费活动:一是强调对时间与空间取用过程的精神满足,例如好友聚会,看电视、去 KTV 唱歌等娱乐活动;

---

① [法]多米尼克·戴泽:《消费》,邓芸译,商务印书馆 2015 年版,第 3 页。

② 黄楠森主编:《人学原理》,广西人民出版 2000 年版,第 71 页。

③ 尹世杰:《极高精神消费力与繁荣精神文化消费》,《湖南师范大学社会科学学报》1994 年第 6 期。

二是对附属在物体本身的象征意义进行的消费。王宁把这种消费归结为消费的"表现功能","物一旦被纳入文化的体系,就不再是单纯的物,而是文化的载体和表达意义的符号",这种意义,包括"意图、情感、荣耀、倾向、认同、态度、信念、品味、兴趣、情调和个性等"。[①] 这些都是精神文化消费活动中的内容。

在进入农村进行田野调查后,精神消费的重要性超出预想。农民群体的精神消费活动受到经济发展、地方文化的影响,在物质消费日渐丰裕的过程中,暴露出精神生活空虚与滞后的问题更值得关注。长期居住在农村留守群体的闲暇时间越来越多,而闲暇"无意义"的状况堪忧。

精神消费重要,是因为精神文化生活是建构农村社会关系的重要内容。在传统农村社会,人与人之间沟通交往、相聚而欢是精神文化生活的主要形态。随着媒介的演变,承担文化内容的载体发生了变化,从印刷媒介、电子媒介到如今的互联网,内容越来越丰富,农民群体的消遣资源短期内在数量上得到了极大提升,但在质量上却是"鱼龙混杂"。费孝通先生指出,"娱乐需要集体活动,于是社会制度发展了这种功能,娱乐中的集体活动加强了参加者之间的社会纽带,因此它的作用超出了单纯的生理休息"[②]。村民娱乐与精神休闲活动的意义不止于活动本身,还凸显出农村社会价值观念与行为规范的建构作用。基于此,关注农民群体的精神文化世界与具体的精神文化消费行为、观念,其重要程度不言而喻。

---

① 王宁:《消费社会学》,社会科学文献出版社2011年版,第153页。
② 费孝通:《江村农民:20世纪30年代日常生活举证》,《经济社会史评论》2009年。

对精神消费的观察与研究较多指向空间媒介,村庙等公共空间,互联网媒介构筑的虚拟空间,都是值得观察的对象。在历史演进的过程中,精神消费在空间媒介呈现出不同形态,是农村社会集体价值观形成的重要场域。费孝通先生提到,"为满足人们的需要,文化提供了何种手段来获取消费物资,但同时也规定或限制了人们的要求,例如,'母亲如果允许孩子任意挑食,人们就会批评她溺爱孩子'"①。而这种基于"文化"的消费价值观念建立过程,往往依赖媒介的沟通作用,这里的媒介更多指向村民活动的空间,是基于农村具体生活场景形成的。

媒介文化的相关论题涉及人类精神生活的某些层面,有学者将对象锁定在某一群体,例如城市随迁老人、农民工、农村教师等,是将媒介作为一种精神满足的途径与工具。关于农民群体精神文化生活的研究,贺雪峰认为,当今农村问题不在于经济方面而在于文化方面,农村的具体问题体现在"消费不合理,闲暇无意义,社会关系失衡,基本价值失准,文化失调",②根本原因在于传统的相对封闭的村庄社会向现代的开放社会转变中出现的不适应。在新的媒介环境下,媒介是农民群体精神生活的主要构成,对农民媒介消费与精神生活需要新的观照与挖掘。从历史的角度对农村社会的精神生活进行梳理,需要从农民真实的日常生活入手并向上梳理,探究存在于农民精神世界中的审美价值观念、娱乐方式、精神满足等内容。

---

① 费孝通:《江村经济》,北京大学出版社 2012 年版,第 106 页。
② 贺雪峰:《乡村建设的重点是文化建设》,《广西大学学报》(哲学社会科学版)2017 年第 4 期。

第 二 章

经验场域：以民族志为方法走进 D 村

第一节　研究方法

一　方法选择

（一）民族志为主导的农村生活者观察

民族志方法由马林诺夫斯基开创，最早应用于人类学对异民族文化的研究。20 世纪末，英国学者戴维·莫利用此方法进行了传播学概念中的"受众"研究，对传播学产生巨大影响。很多中国学者沿着莫利在电视上的研究范式对中国农村的媒介使用进行研究。使用该方法，郭建斌认为应该做到以下三点：一是想方设法融入研究对象的日常生活；二是考察研究对象生活的方方面面；三是以"深描"作为解释现象的理性追求。① 克利福德·格尔兹阐释了民族志工作者在文化接触与研究解释过程中的角色、位置与建构意义，反复强调研究者与文化——"行为化的文献"——涉及的具体事件、仪式、习俗、观念等其

---

① 郭建斌：《家电下乡：社会转型期大众传媒与少数民族社区》，博士学位论文，复旦大学，2003 年，第 207 页。

他任何事情的融合。① 这就要求研究人员与研究对象进行深度接触,做到马林诺夫斯基提到的充分感受研究对象在"实际生活的不可测度方面"。本研究以民族志为基本方法,通过与村民近距离接触,从"真实的体会"中获得研究的第一手资料。

本书以村民生活为研究对象,将村民的媒介使用放置于农村历史变迁、社会情境、与风俗文化中。使用参与式观察等方法,在西北社会环境里考察村民媒介使用与消费生活,尽力做到格尔兹所说的"深描"之后,再进一步探讨农村生活者在媒介接触中建构出的观念体系。

1. 参与观察

申苏儿等认为,参与是指在某个活动或事件发生时,研究者出现在那里并与之有互动。民族志研究强调与研究对象之间的融合,参与就是其中一种重要的形式,即通过在研究场景中参与日常生活性或惯例性活动来学习的过程,参与观察标志着民族志研究的起点。② 进入 D 村主要从以下几个场域展开观察:

家庭:以村民日常生活为中心,家庭是首要观察场域。通过对 1 号家庭展开滚雪球抽样,选取了相邻 9 个家庭,观察村民以家庭为单位的日常消费活动。

消费场域:对农村的实际购物空间进行观察,观察货物购买过程与人际交往情境下的消费决策。

虚拟消费场域:观察家庭成员手机、电视等媒介渠道的消费实践活动,并对购物信息来源、消费决策产生过程进行观察。

其他场域:对研究中可能存在的具有交流或消费意义的场

---

① [美] 克利福德·格尔兹:《文化的解释》,韩莉译,译林出版社 2008 年版,第 13 页。

② [美] 申苏儿、申苏儿、勒孔特:《民族志方法要义:观察、访谈与调查问卷》,康敏、李荣荣译,重庆大学出版社 2012 年版,第 64 页。

所,其内部产生消费行为或有影响消费行为的因素,并不属于上面提到的家庭与购物场所,比如3—5个村民经常围坐的聊天场域等。

2. 深度开放式访谈

深度开放式访谈是一种定性研究方法,旨在通过深入的、非结构化的对话来获取被访者的详细观点和体验。这种访谈通常具有以下特点:首先,灵活性高,访谈内容不完全依赖于预设的问题,而是根据被访者的回答和研究者的兴趣进行自由扩展和深入探讨,研究者可以根据访谈中的发现及时调整问题和方向;其次,互动性强,访谈过程是一个双向互动的过程,研究者不仅提问,还会根据被访者的回答进行追问和引导,以深入理解被访者的观点和感受;再次,开放式问题,问题通常是开放式的,旨在鼓励被访者详细表达自己的想法,而不是简单的"是"或"否"的回答,这种问题形式有助于获取丰富的、详细的信息;最后,深入挖掘,通过深入的对话,研究者可以挖掘出被访者心理、情感和社会文化背景等深层次信息,这些信息在结构化访谈中可能难以获得。

家庭消费决策人是最重要的访谈对象。访谈主要在家庭场域中展开,根据家中购买物品,抛出问题,了解消费决策过程中的认知、态度与行为。涉及驱动消费的内部、外部因素,如他人认同、面子、自我满足等,了解对品牌的认知程度与影响观念,从而建构出较为完整的农村消费文化。为了充分了解被访者的生活环境、文化背景等,研究将访谈对象扩展至村民以外的驻村干部、乡镇工作人员等,以作为理解村民消费过程的补充资料。

(二)网络民族志——空间转变下农民群体的媒介使用观察与阐释

互联网与新媒体的发展,带动了农民手机媒介使用,"机不离手"是当今农民的日常状态。从对村民的观察中了解到，农民使用手机获取外界信息并以内容生产者的身份深度参与到网络内容的建构中。所以，研究过程结合了网络民族志方法，在新媒介环境下，这是研究农民群体媒介使用并阐释其消费生活的必要选择。曹晋等学者认为，网络民族志与马林诺夫斯基为民族志确立的核心原则一脉相承，强调学者与文化参与者深层次互动和意义的共同建构，强调真实性，又因根植于网络世界及其网络文化的特征而拓宽了传统民族志的视野与研究路径。① 网络民族志实施过程中，研究者的参与是第一原则。笔者在与被访者深度接触过程中，互相关注快手账号，互加微信好友，参与被访者的网络直播，在网络互动中完成信息交流。从农民群体的手机使用与网络生产文本分析看出，网络内容是村民日常生活的延伸。观照村民的现实生活，线上与线下内容的结合至关重要，这是充分了解村民日常真实生活的重要方式。

（三）口述史——田野环境中的历时性观照

"口述史是指以访谈、口述方式，记载过往人事，搜集史料的一种学术活动。"② 对口述史这一方法的运用由来已久，存在于古今中外的著作中，如《史记》《齐民要术》《法国革命史》等。在现代学术话语体系中，口述史是人类学研究中的重要方法之一，但不限于在人类学中的使用。在观照某一地域发展进程中，口述史有其不可取代的优势。有学者呼吁民族志传播研究应该"迈向历史"，从传统的农村文化传播现象，建构出完

---

① 曹晋、孔宇、徐璐：《网络民族志：媒介化的日常生活研究》，《新闻大学》2018 年第 2 期。

② 曹幸穗：《口述史的应用价值、工作规范及采访程序之讨论》，《中国科技史料》2002 年第 4 期。

整的、延续的、告别城市中心主义和媒介中心主义的新闻传播
史研究新图景,认为口述史的运用,弥合了传播、历史与田野
的罅隙。赵月枝等学者也认为,中国传播学研究要"重新扎根
历史领域"①。在民族志考察与阐释不断深入的过程中,进行
历史梳理,有助于对现象的深度分析,而历史也是研究过程中
必然涉及的维度。本研究在梳理 D 村农民历史生活形态的过程
中,走访了村中较有影响力的五位年长者,即所谓村中"能
人"。他们一位是已经退休的村校校长,一位是退休村党支部
书记(以下均简称"村支书"),一位是该村 G 姓家族的长者
之一,一位是成长于该村、熟悉该村文化,虽然在外工作,但
以家乡文化为蓝本写作的作家,还有一位也是 D 村人,从小在
D 村长大,现于 B 市从事银行高管工作。五位被访者通过口述
史的方式呈现了农村消费生活的历史脉络与部分价值观念的
演进。

二 研究地点选取

(一)D 村具备西北农村的普遍性特征

从普遍性的角度看,D 村与许多西北普通农村一样,具备西
北地区的地域特点。D 村经历了与其他西北农村相似的历史变
迁,没有民族聚居或其他作用影响。正如费孝通先指出的,尽
管中国各地农村均有差异,江村并不能代表其他中国农村,所
得到的研究成果也不能解释其他农村,但这种研究的意义就在
于比较,如果我们用比较的方法将中国农村的各种类型一个一
个地描述出来,那么就不需要将千千万万个农村一一地加以观

---

① 沙垚:《民族志传播研究的问题与反思》,《国际新闻界》2018 年第 6 期。

察而接近于了解中国所有农村了。① 关琼严在研究西北农村时指出,不苛求从一个村庄的研究中了解中国农村社会的全貌,更现实的考虑是通过一个村庄的考察来达到对一个区域的了解。②

D 村,作为一个典型的西北农村,不仅在地理环境和资源分布上具备西北地区的代表性,还在社会文化和经济结构上反映了西北地区的普遍现象。D 村村民的日常生活、生产方式以及社会互动都深受当地自然条件、历史背景与政治经济政策的影响。通过对 D 村的深入研究,可以发现西北农村具有共性问题和特点,体现在村民的价值观念、社会关系的维系方式以及对现代化冲击的应对策略之中。因此,对 D 村的研究可以为了解整个西北地区的农村情况提供参考,为西北农村发展研究提供经验支撑。这种微观研究的宏观意义正是社会科学研究的重要价值所在。

(二) D 村具备的西北农村代表性

从研究对象的代表性考虑,结合媒介与消费的研究问题,D村有四个方面的典型特征。

首先,在人口组成方面,D 村的村民世代居住于此,都是西北本地人,没有经历大规模迁移。这种稳定的人口结构为研究传统西北农村生活方式提供了基础。

其次,D 村的消费场景相对独立,村民主要在实体空间为主的小卖部和村镇超市进行消费。虽然受到县级商业场所的影响,但较少受到大城市商业中心的辐射,使得研究可以更好地聚焦村民的消费问题。

再次,智能手机在 D 村基本普及,电商成为村民日常购物的

---

① 费孝通:《缺席的对话——人的研究在中国——个人的经历》,《读书》1990 年第 10 期。

② 关琼严:《媒介与空间——基于一个西北村庄的田野调查》,博士学位论文,清华大学,2013 年,第 9 页。

重要渠道之一。通过智能手机，村民可以接触到更多的商品和服务。新媒介改变了村民的消费方式，也为研究媒介对消费模式的影响提供了机会。

最后，在 D 村可以接触到不同年龄层次的人群，可以展开对不同年龄人群的媒介使用与消费行为的研究。不同年龄层次的村民在媒介使用和消费行为上存在显著差异，研究这些差异可以揭示媒介和消费行为在不同代际间的变化和趋势。

综上所述，D 村作为一个典型的西北农村，其人口组成、消费场景、媒介普及程度以及年龄结构等方面的典型特征，使得它成为研究媒介与消费问题的理想对象。这些特征不仅为研究提供了丰富的实证材料，也为理解和解决西北农村在媒介和消费领域面临的问题提供了重要的参考依据。

三 执行过程

从 2019 年 6 月开始进行理论文献梳理，并收集 D 村相关资料，与 D 村村支书等人取得联系。根据村支书提供的信息整理调研方案，拟定村民、超市老板、快递点老板的访谈提纲，以及家庭、小卖部（超市）、快递点的结构化观察类目。2019年 8 月开始集中调研，在广泛接触村民生活的基础上，重点以家庭为单位实施进一步研究。在筛选家庭上主要考虑的是以下因素。

一是经济水平。根据村支书提供的信息，按照家庭收入情况进行筛选，兼顾家庭收入来源。最初选定了 1 号、5 号、6 号、7 号、9 号家庭。其中，1 号与 7 号家庭的收入水平居上，收入来源相对较多。1 号家庭经营村里的磨面坊，7 号家庭是村里的养牛大户，且经营小规模生意。5 号、6 号家庭收入居中，主要靠打工和种地为主。9 号家庭收入最少，生产能力和水平极低，为村里一类低保收入家庭，丈夫因病去世，儿子轻度智力障碍，女儿还在读大学。

二是家庭成员结构，重点考虑了家庭人员的年龄情况。因为留在村里的老年人居多，筛选时有意寻找有年轻人的家庭，由此追加了 2 号与 3 号家庭。

三是媒介使用情况。一方面根据村支书介绍的村中使用手机频率较高的村民，另一方面根据已接触的受访者的朋友圈、快手，寻找在网络上相对活跃的村民，确定了 4 号和 8 号家庭。在研究到第 9 个家庭时，已无新的概念产生，认为达到理论饱和，故停止样本选取。调研目标家庭的具体情况详见附录一。

除了以家庭为单位进行的深度考察，在深入农村的过程中，还接触到的一些零散村民，以"闲聊"和观察为主，也作为调研信息的重要来源。在选定家庭进行调研时，分阶段多次进入，展开参与观察，每个家庭至少实施一次正式的半结构化深度访谈。但在接触中发现，与村民的沟通，由于语言、环境等原因，正式访谈的信息量远不如日常聊天获取得多。村民真实的状态存在于日常生活之中，所以将更多的研究精力放在与村民的日常互动，包括日常见面互动与日常微信互动，还在微信、朋友圈、快手、全民 K 歌等社交 App 上与村民建立联络。笔者与目标家庭建立了良好的关系，且基本达到"融入其中"的程度。

为了从整体把握村民的历史发展与当下状态，研究过程中走访了 H 县县志办，对县志办主任、政协领导、扶贫干部和包村乡干部进行了深度访谈，并根据村支书提供的资料与村民生活实际情况进行了对照。

为了聚焦消费问题，研究对 1 号、2 号、3 号、7 号家庭实施了为期 15 天的消费记录跟踪。对 D 村消费环境的考察，以村民常去的 3 个小卖部、1 个镇中超市，3 处县城商圈为主。对 4

个超市(含小卖部)老板进行了深度访谈,并对超市进行定点观察与记录。村民使用网购的行为在深度访谈与日常交流中进行。考察两个位于乡镇且村民常去的快递点,并对经营人进行了深度访谈,在快递点进行了定点观察与记录。随着问题的深入,调研一直延续到2022年1月中旬。深度访谈对象的具体情况详见2-1。

表2-1　　　　　　　　被访者基本情况汇总

编码	出生年份	性别	身份	受教育经历	居住地
GJQ	1965	男	村民	初中	D村
WHM	1963	女	村民	初中	D村
GJH	1962	男	村支书	高中	D村
LSM	1975	女	村民	小学	D村
HX	1988	女	村民	高中	D村
WCY	1964	男	村民	初中	D村
YJP	1969	女	村民/小卖部老板	无	D村
WN	1992	女	村民	初中	兰州
GH	1991	男	村民	大学	兰州
GJZ	1963	男	村民	小学	D村
MHX	1985	女	村民	初中	D村
ZYW	1987	女	村民	大学	D村
GXY	2006	女	村民	初中在读	D村
WHP	1969	女	村民	无	D村
WX	1968	男	村民	无	D村
WL	1987	女	村民/小卖部老板	大学	D村
BXS	1991	男	小卖部送货	高中	H县
LYS	1966	男	超市老板	高中	Z乡
LBN	1968	女	超市老板娘	小学	Z乡

续表

编码	出生年份	性别	身份	受教育经历	居住地
YJJ	1967	男	快递点老板	小学	Z 乡
XB	1976	男	快递点老板	小学	Z 乡
WXA	1980	男	包村干部	大学	H 县
LZZ	1967	男	H 县政协	大学	L 市
YZR	1967	男	H 县县志办	大学	H 县
LBW	1981	男	对口扶贫干部	大学	H 县

为了对 D 村村民媒介使用史和消费行为史进行脉络梳理，在调研期间联络了五位被访者进行口述史研究。访谈过程结合事件回忆，进行深度访谈。在此基础上，还走访了村庙、流动电影放映点等地。五位被访者的基本资料如表 2-2 所示。

表 2-2　　　　　　　口述史被访者基本情况汇总

编码	出生年份	身份	职业	主要经历
A	1965	村民	个体	长期生活在 D 村，属于 D 村大姓家族成员，熟知村情，在农业生产合作社时期，其家院曾是生产队大食堂
B	1963	曾任村支书	务农	D 村的老村支书，任职时间长，在村中威信高、人缘好
C	1947	退休校长	退休在家	长期从事 D 村的教育事业，是村里的"文化人"
D	1977	村民	教师	D 村村民，高考考入省级重点大学，毕业后在 J 市从事教育工作，出版了关于家乡的回忆散文集
E	1960	村民	银行	从小于 D 村长大，18 岁离开 D 村，后在 B 市某银行从事管理工作

第二节　阐释维度

一　横向:日常生活视野中的消费活动与媒介行为

对 D 村村民的日常生活进行全方位考察,并聚焦于村民的消费活动与媒介使用,以此作为横向研究的展开维度。研究的内容包括村民的物质消费行为、精神消费行为与媒介使用行为,并深入探讨媒介与消费的相关性。

在消费层面,除了考量村民的物质消费外,精神消费与精神生活形态也是研究关注的重要内容。物质消费涵盖日常生活中的衣、食、住、行等基本需求,而精神消费则涉及文化娱乐、休闲活动、教育培训等方面。分析物质消费与精神消费之间的互构关系,了解村民如何在满足基本需求的同时,通过精神消费提升生活品质与幸福感。

对媒介相关内容的梳理,不仅关注技术形态的媒介(如电视、手机、互联网等)使用,还将论域扩展至空间层面,考察农村环境中的空间媒介。研究村民如何在家庭、市场乃至村庄等不同空间中使用媒介,分析这些媒介如何影响村民的日常生活和社会交往。通过探讨媒介与消费,观照消费文化的产生路径,去理解村民对媒介内容选择的偏好及其背后的逻辑。

此外,研究还对当地文化和历史进行了深入细致的考察。在分析过程中,基于"乡土中国"的基本价值观念,探讨村民如何在传统价值体系中融入现代社会,同时,避免将问题简单搁置到西方受众研究与文化研究的固有理论窠臼中。在揭示农村独特的社会文化背景的基础上,理解其消费行为与媒介行为的深层次动因。

二　纵向：历史脉络中的消费生活史梳理

消费行为与媒介使用行为是价值观念的外在化表现，而价值观念受到文化氛围的影响，与该地历史发展过程中的互动关系不容忽视。人们在闲暇时刻的娱乐偏好与该地的历史文化有极大关联。因此，从历史演进的角度展开纵向梳理与分析，是为了对农村消费生活有更清晰的认识。

长期以来，农村的消费生活以农耕时间为轴展开，农民的文化休闲行为多与农业生产密切相关。农闲时节，村民会通过传统节日、庙会等活动进行娱乐和社交。这些活动不仅丰富了村民的精神文化生活，也增强了村落内部的凝聚力。在 D 村，春节、元宵节、清明节、中秋节等传统节日，都是村民们重要的娱乐和消费节点。在这些节日中，村民们会进行丰富多彩的民俗文化活动，这些活动不仅是娱乐的方式，更是传承文化的重要手段。

改革开放以来，思想和生产力的双重解放，使中国农村的消费生活发生了显著变化。随着农村经济体制改革的推进，农民的收入水平逐渐提高，消费水平也随之提升。村民的消费不再仅限于基本生活需求，更多的闲暇时间和可支配收入使得他们在精神文化生活上的消费也日益增加。

电视、广播等传统媒介在这一时期进入农村，极大地丰富了村民的文化生活。村民们可以通过这些媒介了解外界信息，观看各种娱乐节目，扩大他们的视野和知识面。这一时期，农村文化生活的多样性和丰富性得到了显著提升。

进入 21 世纪，随着互联网和智能手机的普及，农村的消费文化生活再次发生了翻天覆地的变化。数字媒介的广泛应用，使得村民可以随时随地获取信息、进行社交和娱乐。电商平台的兴起,改变了传统的消费模式,村民们可以通过网络购物获取更多的商品和服务,极大地方便了他们的生活。

同时,社交媒体和短视频平台的兴起,改变了村民的娱乐方式和社交习惯。通过这些平台,村民可以分享自己的生活,了解他人的动态,形成新的社交圈子。这种基于数字媒介的消费和娱乐方式,打破了时空限制,使得村民的精神文化生活更加丰富。

通过对历史脉络中的消费生活的梳理,我们可以更清晰地看到农村消费文化生活的演变过程。每一个历史阶段的消费行为和文化生活,都与当时的社会经济发展状况、技术进步和文化发展密切相关。通过对比不同历史时期的消费行为和文化生活,可以更好地把握农村消费文化的变化规律,找到促进农村消费和文化生活发展的有效路径。

三 研究框架

由小到大,以微观观察构成宏观分析,通过对农村日常生活进行参与式观察,分析消费活动本身及其产生的意义。研究主要从以下几个角度展开:

1. 村民生活状态:以 D 村整体社会情境为基础,具体观察对象以 9 个家庭展开,在对比中找到农村消费的整体性特征;

2. 媒介使用:媒介包括人、技术、空间,例如手机、村民活动中心或村中贤者等;

3. 消费场域:观察村民的日常消费场域,以及电商、微商对农民消费行为与观念的建构作用;

4. 传统消费观念:了解村民的消费价值观,剖析价值观对农村消费生活的影响,分析社会认同、面子等在农村消费中的作用;

5. 村民的精神消费：考察村民的文化休闲生活，并探究精神消费带来的价值与意义，以历史的视角展开，并回应农村文化传承问题；

6. 性别、消费决策与权力：探讨性别在消费决策中的影响，特别是女性在消费中的作用。

从日常生活中的消费行为与媒介行为展开，考察村民的消费形态与消费决策驱动因素，并考察与消费活动相关的几组互动关系：媒介与村民的互动关系、村民之间的互动关系、村民与农村空间的互动关系、村民与实体购物场所的互动关系、村民与虚拟信息的互动关系。通过考察这些互动关系，以物质消费变迁、精神文化生活变迁、媒介变迁构成分析的基本材料，在此基础上建构媒介与消费的互构理论，在对农村消费文化与实践的反思中形成本研究的结论性思考。研究框架如图 2 - 1 所示。

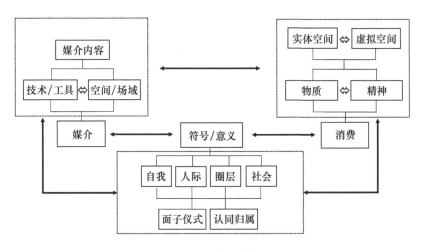

图 2 - 1　研究框架

第三节　消费实践场景

一　D村自然环境情况

D村,位于G省B市H县Z镇,距县城16千米,距镇政府所在地3千米。全村流域面积8平方千米,耕地面积5338亩,梯田面积5330亩。辖W、D、X、P、S、L、X七个村民小组。官方资料显示,至2018年,D村总户数为342户,共1331人,常住户为314户,共1239人。但在实际观察中,该村的常住人口应该低于官方公布的数字。各户的中青年大多外出打工或在县城租住房屋陪孩子读书,户籍未改变,处于流动状态,与原本的农村家庭既存在疏离,也存在联系,并非典型意义的常住,这也是值得关注的现象。因国道312线穿境而过,D村的交通相对便利。2016年,在乡政府的扶持下,D村完成了村里社际道路的硬化工程,除W社处于相对平坦的地势,其他社均处于丘陵地区。当地人称这样的农村是在"山沟沟"里,这一方面说明农村所处的地势,另一方面强调了农村的经济落后与消息闭塞。

在对D村的历史梳理中,村支书提供了每个行政小组的命名方式,从中可以看出该村的历史渊源。D村,据当地传说,元代有位Y氏人家因战乱躲避到现D社组附近的Y地,因此而得名,明代D氏门人祖上弟兄二人各圈占大、小两地,自此世代居住,据H县志记载,清乾隆年间,陕甘总督左宗棠奉命平定陕甘回变,路经此地,令人修建桥梁,命名为"平定四桥",极大地改善了该地与外界的沟通情况。该组村民经济状况相对较好,后有郭、李、王、马、路、岳等家族相继迁徙落户。有不少村民也提到左宗棠对该地的治理,是该地一直以来民风淳朴、风清气正的原因之一。在积贫积弱的战争年代，附近都出土匪，但据村民介绍，该村并没有出现。

据年纪较大的村民讲述，D 村是茶马古道的必经之路，沿 312 国道出入该村，前后都有以"驿"命名的地方，是从历史中保留而来的名称，但这一段历史暂未找到相关史料作为支撑。

D 村自然条件严酷，海拔 1800—2100 米，年降水量仅为 400 毫米左右，年蒸发量却高达 1800 毫米，平均湿度 46%，降雨多集中在 7—9 月份，占全年总降雨量的 70% 左右。D 村属半温带季风气候，四季冷暖、干湿分明，年平均气温 12.15℃。降水少，年际变率较大，年内四季分明，日照时数较长，蒸发强烈，无霜期较短，干旱、霜冻、雹洪是制约农业发展的主要因素。自然生态环境与农民生产生活息息相关。20 世纪六七十年代，村民生活水平较低，过度开荒使用土地，造成生态环境失衡，D 村一度成为"山穷水恶"的地方。据县志记载，1982 年，H 县"旱情严重，夏粮几乎绝收，秋田缺苗垄断，群众生活十分困难"。国务院于 1982 年 12 月将"三西"列为全国农业区域性开发建设重点，给予专项拨款予以扶持。根据国家政策，1983 年 G 省省委、省政府制定了"两西"建设方针，将 H 县列入其中，D 村得到国家扶贫政策的关照。

D 村的自然条件不利于农耕发展，加上耕地 90% 以上处丘陵地区，梯田为主，加剧了农民从事农耕的难度。2006 年，国家提倡退耕还林，在种树的基础上给予农耕补贴，D 村退耕还林的土地面积约有 900 亩。实际上，即使增加化肥等投入或使用农业技术手段提高的农田单产，农民收成也不及国家补贴。所以部分村民选择放弃难耕的农田，退耕还林，这对 D 村农民来说是一件好事。现在，D 村的农民利用剩余不多的耕地种植土豆等，用于补充日常饮食或小范围出售，还开发出晚熟西瓜、百合等经济作物，对经济营收有一定积极作用。

二　D村社会经济状况

考察D村民的消费生活，首先要从D村的经济情况入手，经济环境的变化是影响村民消费的基础性要素。对于D村这样典型的西北农村来说，自然条件差，地势封闭，村民大多是"靠天吃饭"。而且，村民从商的意识薄弱，经济长期欠发达。G省是全国GDP较低的省份，而H县又是G省的贫困大县，D村是该县深度贫困村之一。所以说，D村的脱贫难度非常大。因此，D村的发展历程与国家的"脱贫"工作紧密相关。D村的脱贫历程也是中国农村脱贫的一个缩影。

（一）宏观层面：国家"三农"政策与扶贫工作

在对D村经济状况梳理的过程中，可以明显看出，国家在不同时期的"三农"政策，均对D村有巨大影响。上述提到的G省两西扶贫项目中，D村的耕地面积有所扩大。但D村真正意义上受到国家政策的利好是从国家实行精准扶贫开始。2014年，扶贫相关政策的相继颁布，使D村发生了翻天覆地的变化，政策在村民生活的方方面面都有所体现。按照村委会提供的相关文件记载，全村精准扶贫工作的总体要求是：深入学习贯彻党的十九大精神及习近平总书记关于扶贫工作的重要论述，坚持以"打赢脱贫攻坚战"统揽工作全局，按照"依托种植业、发展养殖业、做大劳务业、农民促增收"的总体思路，加强基础设施建设和产业结构调整，统筹整合资源，加快D村脱贫致富步伐，逐步实现D村健康、和谐、可持续发展，以高标准、高质量实现全村整体脱贫。具体措施在于：一是扶持产业推动农民增收；二是加强金融支持，对有能力从事产业的村民实施免息放贷；三是水、路、房等基础设施建设；四是补贴教育、卫生资金进行扶贫。此外,还有村容村貌整治等其他相关措施。

中国华侨联合会(以下简称"侨联")等两家单位在D村开展扶贫工作。按照国家的部署安排,两个单位从不同角度助力了D村发展。2015年,侨联对村委会的基础设施建设进行投入,如办公用品、笔记本电脑、打印机等,还开展了向村民捐助衣服等活动;2016年,另一家单位向村里捐助健身器材以及一辆价值48000元的大型四轮拖拉机,并向家庭困难的小学生捐助500元,考上大学的学生资助4000—5000元,还帮助村里建设道路与水库等。现在村委会大院的建设是由国家项目出资50万元,剩余均由扶贫单位出资而建成。扶贫单位的扶贫工作为村民带来了真正的实惠,此外,还有来自国家、H县教育局、H县退役军人事务局共3人作为常驻该村扶贫干部,协助村委会开展脱贫攻坚工作,他们在帮助村委会落实国家相关政策方面起到较大作用。

国家的扶贫政策具体体现在"两不愁三保障"的工作中,"两不愁"指村民不愁吃不愁穿,"三保障"指村民教育、医疗、住房有保障。

首先,对困难程度较大的家庭实行兜底保障。按照国家标准,对四类低保人群发放低保金。一类低保户是针对家中没有劳动能力或患有重病的家庭成员,基本没有任何收入,发放标准为全家每人每月335元,全村有3户6人,调研的9号家庭属于这类家庭;二类低保户针对家中父母年龄大,劳动能力不足,家庭负担比较重,每人每个月补助318元,针对此两类家庭,国家实行兜底保障;三类低保户,是针对家里有大学生,劳动能力较全,因为开支较大,生活困难,每人每月补助84元;四类低保户针对家中有高中生培养,生活有一定困难,每人每月58

元。此措施直接改善了农民的生活。两家扶贫单位，也向 D 村发放不同类目的定向扶贫款，直接增加了农民的收入。其次，农村合作医疗保障服务，从根本上减少了因病致贫的家庭。最后，产业扶持，帮助村民丰富经济来源，间接提高了村民的收入。此外，还有其他相关扶贫政策，例如，贫困户的危房改造项目，国家用间接补贴的形式为村民修缮房屋等。

D 村的人口构成与经济来源受国家城镇化进程的影响，又因村庄距离县城与省会城市较近，农民"走出去"有地理优势。所以，大部分农民以"外出务工"为改善经济条件的主要方式，D 村的脱贫致富一部分归功于劳务输出。

2013 年年底，D 村有建档立卡的贫困户 214 户，共 911 人。到 2017 年，脱贫 188 户，共 783 人。到 2019 年，人均一年的纯收入达 6428 元，全村已达到国家脱贫验收，实现了整村脱贫。如今，在国家相关农村政策的影响下，村民的生活水平还在稳步提高。交通运输也是改善经济的重要方式，D 村在 1995 年开通国道，村民与外界的联系得到加强，对农民生活影响较大。长期居住在 D 村的村民以老人、儿童与妇女为主，大部分家庭为了培养家中子女成功考入大学，都选择在 H 县租房陪读，男方以打工为生，女方以为子女陪读为"业"，这是该村留守人员居多且常住人口较少的原因之一。

（二）中观层面：地方政府扶持下的"新出路"

扶贫政策的实施是国家在农村发展中起到"兜底"作用，用向贫困低保户发放救济金等形式直接解决农民的温饱问题，还有部分政策具体到县、乡一级，用更为具体的措施促进农民在脱贫的基础上"致富"，践行国家提倡的"产业兴村"。官方宣传材料中总结 D 村的脱贫工作内容为：H 县 Z 镇 D 村党支部对标"党支部建设标准化 + 堡垒引领"，以农村"三变"（政府

扶持 + 村集体经济 + 农户）改革为抓手，瞄准产业扶贫，全力落实"两园两率两节点"产业脱贫行动，认真破解党支部带动能力弱、能人带动能力弱、市场带动能力弱"三弱"问题。通过畅通五种渠道（抱团、流转、盘活、提留、入股）壮大村集体经济。建设党组织带头人和能人带头人两支产业示范带动队伍，努力将"党组织建在产业链、党员聚在产业链、农民富在产业链"上。带动全村农民人均纯收入比上年预计增长 12% 以上，贫困户人均纯收入比上年预计增长 14% 以上。推行"三变"改革、党群创业互助会、特色产业"三力合聚、联动发力"，通过"政府扶持 + 村集体经济 + 合作社 + 农户"产业运行模式，推动产业富村走上发展快车道。2018 年，村集体经济收入达到 5 万元以上。以党组织带动产业的发展，这是近几年 D 村扶贫工作的新亮点。村支部书记也作为村产业带头人，从镇政府的资料中看到：村支书 GJH 率先垂范，成立 D 村种植养殖农民专业合作社，152 户从事肉牛、肉羊、肉驴等养殖，79 户从事百合、晚熟西瓜、中药材等种植。

在实际观察中，从事养殖产业的农民家庭较多，土鸡、鸡蛋等农产品除供应本村村民外，还向邻村农民出售。2017 年，乡政府鼓励村民养安格斯牛，提供无息贷款、养牛技术培训、兽医等便利条件，但养殖业的资金轮转周期较长。有农民表示："安格斯黑牛至今还没有获得收益"。百合种植业也处在发展的尴尬期，农户种植向外出售的渠道还未打通。村支书多方面收集信息，在与调研人员聊天中，表现出对农业产品品牌化的问题的兴趣。乡政府一级的政策扶贫是 D 村发展的第一驱动力，D 村也有政府扶持的"能人"在产业集中化方面发挥带头作用。

（三）微观层面：村风与村民价值观念

1. 崇文重教

国家与政府的扶持，均是助推农民提高生活水平的外驱力，而农民自身是改善生活的第一驱动力。在调研过程中不难发现，D 村民风淳朴，充满"正能量"。D 村自古崇文重教，路氏家族对村风建设起到了重要的作用。民国时期，路家人丁兴旺，老大路尚建，送大儿子进县城读书，学业好。遇西海固大地震，长子、次子、三子均遭不幸，只留老四、老五。老五在县城枝阳小学上学，后考取 L 市师范学校，毕业回 Z 镇小学任教，名叫路升瀛，字耀仙。一年后，赴河州（LX 市）参加全国土地测绘。抗战时期，到 L 市报名抗日远征军，汉中参加集训，奔赴东南亚抗日前线。红军长征路过 H 县时，路尚建救治一名伤员。抗战结束，路升瀛解甲归田，回乡务农。路升瀛二儿子路平高中毕业，被太平中学聘为代课教师，又考取教育进修学院，成为一名中学高级教师，现已退休。在 20 世纪五六十年代，他是全村唯一的文化人。路家人的所作所为被村中人所称道。现在，D 村村民普遍尊重读书人，且普遍认为应举全家之力供孩子读书，与该村一直以来的崇文重教文化历史传承不无关系。

H 县是远近闻名的教育大县，是"高考状元县"，该县教育素有"三苦"精神，即"老师苦教、家长苦供、学生苦学"，至今为人称道。现在，教育相关部门对该村的"三苦"精神"修正"为"三乐"，即"学生乐学，教师乐教、社会乐扶"。D 村村民深受该理念的影响。自恢复高考以来，全村共走出本科生 141 名，研究生约 10 名，博士 2 名，以及在外成功商人 18 位。但就与村支书了解的具体情况来看，由于人口流动，统计较难，真实数据应远大于现有数据。距 D 村 3 千米的 Z 乡设有幼儿园、小学与初中，村民就近上学。初中生普遍以考上 H 县一中、H

县二中为目标。在他们看来，进入 H 县城的重点高中，已离理想的大学不远。而考入 H 县城高中的农民家庭，会以孩子为中心，到县城租房陪孩子读书，这是该村流动人口较多的原因之一。教育脱贫是 D 村的特色，村民举全家之力供孩子读书，考入大学并顺利就业的子女对家庭的反哺作用明显。用村支书 GJH 的话说是"考上一名大学生等于脱贫一户人"。

2. 勤劳致富

D 村的村民大多勤劳能干，他们通过各种途径努力提高家庭收入，展示了强烈的家庭责任感和积极的奋斗精神。除极个别"因懒致贫"的贫困户外，大部分村民为了改善家庭经济状况，四处奔波，积极寻求各种增收途径。

以 YJP 家庭为例，该家庭有两个儿子，生活负担较重，但他们通过不懈努力达到了较高的生活水平。YJP 养了 13 头牛和 2 头猪，并靠自己种地生产牛饲料，几乎从早忙到晚。而她的丈夫则靠开村里到县城的客车来补充家中的收入。

经过多年的辛勤奋斗，这个家庭在 2018 年实现了大儿子在 L 市买房的愿望，夫妻俩为其提供了 50 万元的首付款和 15 万元左右的装修补贴。二儿子在四川工作，临近结婚，买房的首付款已经凑够，但夫妻俩依旧在努力挣钱。他们认为大城市的生活压力大，孩子们需要经济补贴。YJP 坦言："趁着还没孙子，要多挣些钱，等到孙子出生就得去城里帮忙看孩子了。"这种想法不仅体现了他们的勤劳，也反映了他们对家庭未来的规划和责任感。

调研中发现，D 村的 6 号家庭也处于类似的情况。与中国大部分家庭类似，D 村的家庭也"以子女为中心"，父母为了子女的幸福生活而不懈努力。他们不仅在经济上给予子女支持，还在生活上给予帮助，符合中国传统家庭观念。村民们不仅靠自身的勤劳和智慧改善了生活，还通过这种观念传递了对未来生活的期许，他们相信通过自己的努力，可以为子女创造更好的生活条件。这种勤劳致富的生活方式和深厚的家庭代际观念，成为 D 村乃至西北农村地区经济发展和社会和谐的重要动力。

三 D 村的社会分层

社会分层决定了村民的生活方式，也决定着村民的消费方式与媒介接触行为。社会分层是指人们的社会地位差异结构，该差异结构本质上是由于人们占有资源的不同而产生的。[①] 在农村，人们占有的基础资源是土地，但在土地之外，根据个体发展的差异，所占有的人际与社会资源也有所不同。李培林在对城中村的研究中，将身份和房产、组织权力、资本、知识技能作为社会分层因素，金玉萍借鉴后将新疆托台村的分层因素划为：身份、组织权力、资本和知识技能。对 D 村来说，村民拥有的房产基本趋于一致，只将这一因素剔除，也将身份与组织权力、资本和知识技能作为社会分层的主要指标。

（一）身份与组织权力

有无公职，是否为单位人员，对于农民群体来说，"吃公家饭"的人社会地位较高。中国人的传统观念里，收入稳定是职业追求的首要目标，这种观念在农村中更为明显。如果有谁家的子女大学毕业后考上公务员，对整个家庭来说都是非常荣幸的事。D 村有 30 多户村民的子女考上公务员、事业单位等，虽不在村里生活，只在逢年过节回家探亲，但对仍居住在 D 村的父母或亲戚有较大影响；组织权力是指村里的干部，包括村支

---

① 李强：《社会分层与社会空间领域的公平、公正》，《中国人民大学学报》2012年第 1 期。

书、村委会主任(简称村主任)、各社的社长,这一部分群体兼具有"公家人"和"农民"的身份。这类人群具有一定权力。在上传下达国家政策的同时,承担着整合村中资源的职责,还在平衡村里各类资源的过程中,将自身的权力转化为资源。村干部的领导水平、个人气质等对一个村庄的发展起到至关重要的作用。

(二)资本和知识技能

这一标准适用于 D 村可分层村民的绝大多数。有资本的农民,一是拥有养殖场或大范围承包耕地种植经济作物的村民,这部分人被村民称为"能人",也叫"致富带头人",多经营农民专业合作社。农民专业生产合作社以家庭承包经营为主,将农产品的销售、加工、运输、储藏以及关于农业生产的技术、信息服务等进行组织,实现成员互助。正规的农民专业合作社有内部组织架构,村民各司其职,各有权利。但在实际观察中,D 村没有形成正规意义上的农业专业合作社,还都停留在个体经营阶段。二是指从事个体经营的村民,这部分村民开展小规模商业活动,如超市、小卖部、磨面坊,承包工程队等,收入来源多元。

无资本的人指单纯从事传统种植养殖业的村民或在外务工的人员。D 村年龄较大的村民从事传统种养殖业的居多,其中的大部分人都能得到国家扶贫项目资助;青壮年外出打工者居多,这一群体与农村的关系,既是生活于村外的"外来人",又是"自家人",平日在外工作,到周末或休假回到家中。

知识技术又可以将无资本的群体分为"蓝领"和"白领"。村里的蓝领工人居多,从事建筑、装修、餐饮等服务行业或打散工,D 村大部分在外务工人员都是蓝领。"白领"一般具有一定技术含量或工作存在知识性要求,如汽车维修、营销管理等,培训与再教育机会较多。D 村部分大学生留在城市工作,属于"白领"一类。

四 媒介与消费的基础环境

媒介环境方面,从整体看,村民家的电视基本处于闲置状态,传统电视与智能电视同时存在于一个家庭中的情况较多,但电视的观看频率极低,只有个别家庭的孩子周末放假回家(Z 镇中学为寄宿制学校)联网观看电视。D 村于 2015 年开始铺设有线网络,约有 200 户人家开通无线网络,剩余家庭未开通无线网络的原因与家庭成员年龄相关。手机在村民中的普及率较高,除个别家庭的老人使用"老人机"外,其余多使用智能手机。

D 村民的消费环境主要以实体空间消费为主,县城商业中心的辐射作用在 D 村体现明显。村民在实体空间的消费习惯相对稳定,购买大件物品比如家电、汽车等,一般去县城的商业中心。距离 D 村 3 千米的 Z 镇有一间占地约 300 平方米的大型综合超市,是村民购买日常用品的主要场所。该超市也是本研究深度观察的目标场所。调研中还对超市老板进行了深度访谈。D 村有三间小卖部供村民购买调料、零食等日杂用品,研究对三间小卖部展开观察,并与店主进行深度访谈。

部分年轻村民有网络消费的习惯,且网购频率比较高。网络购物的渠道多为拼多多,也有村民使用淘宝,但普遍认为淘宝的物品价格较高。而且越来越多的村民在快手平台购物,他们认为视频的方式更便于了解产品的具体情况,较少村民使用唯品会。在消费决策因素方面,价格是村民考虑的首要因素,物品的样式与耐用程度是第二要素,品牌因素相对滞后,这些内容具体将在第四章展开进一步分析。

第 三 章

历史演进:媒介与消费生活变迁

在农村历史变迁与社会发展进程中,农民的消费方式与媒介使用是两条持续演进且相互交织的重要线索,同时也是农村文化生活的重要组成。本章内容是在田野研究与口述史的基础上,对农民消费行为与媒介使用进行历史性的考察,从物质消费生活与精神文化生活两个层次展开。物质消费生活以农民的购物行为为主线,分析供销社、市集等消费空间的演变。精神文化生活从讲故事、流动电影放映、自组织娱乐场域构建等角度展开,涉及耍社火、唱大戏等民俗活动,以及庙宇等精神文化空间的流变,还有电视等媒介技术主导下的农民精神文化消费。

第一节 历史脉络中农民群体的物质消费

在马克思政治经济学中,消费包含了生产资料消费与生活资料消费,生产资料的消费指向生产过程,以生产为目的;生活资料消费指向生活物品的交换与使用过程。马克思说:"生产消费与个人消费的区别在于后者把产品当做活的个人的生活资料来消费,而前者把产品当做劳动即活的个人发挥作用的劳动力的生活资料来消费。因此,个人消费的产物是消费者本身,生产消费的结果是与消费者不同的产品。"① 指向产品的生产消费是村民创造自身价值的有效方式,这在根本上决定了农民自身既是生活资料的创造者也是生活资料的消费者。这是构成农民身份的底层逻辑。

在马克思政治经济学中,消费与生产存在辩证关系,两者互相影响、互为前提。消费是生产与再生产过程中的重要环节,没有消费就没有生产,没有生产也就没有消费,生产与消费存在"同一性"。生产为消费提供材料、对象,但生产为消费创造的不只是对象,也给予消费规定性,使消费得以完成,包括消费的方式也是"生产所生产的"②。生产方式决定了消费方式,考察消费要从农村的生产方式入手,农民的生产资料消费是本研究考察的重点内容。更为关键的还在于,农民与土地紧密连接,也就是农民占有生产资料的形式决定了农民的生活方式。从这个意义上说,"自给自足"既是农民的生活方式,也是消费的基本特征。然而,随着时代变迁、商品经济的发展,社会分工进一步明晰,农民生产与消费逐步分离,但农民仍受到自给自足生活方式与价值观念的影响。所以,在分析村民生活消费之前,对生产资料消费的分析至关重要。

一 生产资料消费流变

生产资料消费是农民消费的核心构成,这是农村居民区别于城市居民消费的主要特点,也是认识农村消费环境的根本所在。李培林认为,"农民家庭生产积累的比重对于来年甚至未来

---

① 中共中央马克思恩格斯列宁斯大林著作编译局编译:《马克思恩格斯文集(第五卷)》,人民出版社 2009 年版,第 214 页。

② 中共中央马克思恩格斯列宁斯大林著作编译局编译:《马克思恩格斯文集(第五卷)》,人民出版社 2009 年版,第 692 页。

的生活水平都有很大的影响,过低的积累率可能使当年生活水平较高,但会制约未来生产的发展,从而影响未来生活水平"①。生产资料消费从根本上决定了家庭收入的可支配额度。

在中华人民共和国成立初期,工业化建设占据社会发展的主体性地位,工业化建设离不开农业支持。土地改革运动改变了农民与土地的所属关系,国家完成了土地的社会主义改造,集体经济开始萌芽。邓子恢 1953 年 7 月在《人民日报》中发表了《农村工作的基本任务和方针政策》,论述了当时的历史环境与农村工作,认为农民的集体所有制是短时期内提高社会生产力,促使国家尽快实现工业化的路径之一,也是农业大规模进入机械化生产的铺垫。在当时的历史形势下,农业作为工业发展的"翅膀",短期内实现了最大范围统合。国家实行计划经济,"农业生产合作社"是农村生产生活的基本单元,农村社会的运转以其为基础,决定了农民生产、生活的所有内容。这一时期,村民生产资料全部归生产队所有,也统一由生产队维护、制造和购买,农民只拥有个别的小型农具。直到 20 世纪 80 年代,国家调整农村工作方针,实行农村联产承包责任制,属于生产队的生产资料以家庭为单位划分。在 GJQ 的记忆中,父亲在生产队承担一定职务,自家常有村民来往,集体生活是自己的成长"底色",是物质与精神消费的首要场域。然而,在回忆中,其对物资匮乏与贫穷的印象极为深刻,提到消费便频繁回应"无消费",这种无消费是狭义概念上的没有钱购买东西。而在生产资料部分,农业工具也归集体所有,村民自身从生产资料到物质生活的需求都极为简单。D 村落实包产到户约在 1981 年,生产队将农具、牲口等生产资料根据家庭情况进行分配,

---

① 李培林:《李培林自选集》,学习出版社 2009 年版,第 34 页。

成为农民以家庭为单位生产的第一批生产工具。1号家庭最早分配时分得18亩地,一头驴,一把犁,两个装粮食的口袋,这些构成了1号家庭最初的生产资料。但这些资料并不足以支撑农民的日常生产,农民迫切想要提高生产资料的质量,以提高生产效率。1982年,GJQ省吃俭用到H县城购买铁质犁具,取代了生产队分配的木质犁。一个铁犁约16元,这对他来说是一笔不小的开支。村民之间共享农具,在与其他家庭的互助合作中,提高了生产效率。

(一)生产资料消费结构

D村村民生产资料的消费结构可以划分为三种类型:一是农业相关的生产资料,包括种子、种苗、化肥、农药、农机具等。这些投入是村民从事农业生产所需的基本物资,是农业生产的基础。种子、种苗决定了作物的种类和品质,化肥、农药保证了作物的健康和产量,农机具则提高了劳动效率和生产能力。二是畜牧业相关的生产资料,包含猪牛羊等畜禽品种、饲料、兽药、养殖设备等,这些是从事畜牧业生产所必需的投入物资。畜禽品种决定了养殖的品种和产量,饲料保证了畜禽的营养需求,兽药用于预防和治疗畜禽疾病,养殖设备则提高了养殖效率。三是经营类生产资料,主要指村民用于经营生意的基本资料,如小客车、面粉加工机器等,这些是村民从事非农经济活动的基本投入。小客车可能用于运输农产品或日常经营活动,面粉加工机器则用于小规模的加工和生产活动,为村民提供了多样化的收入来源。

1. 农业生产资料

长期以来,农业是D村村民最主要的收入来源,村民的生产资料大多以土地为中心。从1978年实行改革开放开始,市场挣脱计划经济体制的束缚,商品经济逐步发展起来,居民生活消费品越来越多元化。但像 D 村这样的西北农村,经济发展长期处于非常初级的阶段,商品经济极度欠发达,连同生产资料也极为匮乏。包产到户后,也就是陆学艺先生提到的农民生产第二个黄金时期,农民生产积极性极大提高。自此,农民与土地的关系"既直接又密切",各家各户都以经营好自己的土地为主要日常活动。

农业生产最重要的资料便是土地,农民与土地之间的关系也是值得关注的问题。伴随着中国产业重心的调整,城乡经济和社会结构发生了深刻变化。城镇化进程加快,很多村民选择外出打工,村民的收入逐渐与土地分离。2006 年,国家实行退耕还林,D 村不少村民将耕地改为林地。1 号、7 号家庭退耕还林的耕地面积相对较大,占自家原有耕地的三分之二,如今,以土地为核心的生产资料消费渐趋减少,在 D 村很多家庭都能看到闲置于院子中的农用机械。

2. 畜牧业生产资料

畜牧业是支撑村民生活的第二大经济来源,村民在年初购买的幼小牲畜,经由一年抚养,成为家庭次年肉类饮食的主要来源。2000 年以前,村民的经济水平还相对较低,可支配收入少,村民购买的鸡鸭猪等勉强能维持自家吃食。随着经济水平逐渐提高,部分家庭开始购入更多的牲畜进行养殖,以用于出售,获取收入。D 村部分家庭是政府引入新牛品种的试点。政府将国外引入的安格斯小牛种低价出售给村民,在养殖过程中,给予村民饲料补助,并在长成之后由政府进行市场营销牵头出售,该项目受到不少村民的欢迎。

3. 经营类生产资料

随着家庭经济成本的不断累积,部分有条件的村民在时间、精力允许的情况下,购买了除农业、畜牧业这类传统生产之外的且能用于盈利的生产资料。D 村村民的经营类生产资料主要分为三种：一是可用于客运或货运的汽车。重点观察的 7 号家庭有一辆用于客运的面包车，日常由 YJP 的丈夫使用。此外，家中还有耕地，还参与了政府的养牛项目，运营客车只是该家庭收入的补充。YJP 家客车的乘坐人多是本村村民，没有办理正式的运营执照。根据 YJP 的讲述，在 1995 年国道修建前后，村里的公共交通不甚发达，有村民经营小客车而发家致富，之后也有村民效仿，这是村民普遍公认的能增加收入的重要来源。2 号家庭有一辆卡车，由 MHX 的丈夫经营，卡车购入需要不小的经费开支，主要由 MHX 的大姑姐资助购买。也正是货运车辆的经营，MHX 家成为村中条件较好的家庭。二是经营小规模的卖点，村民定期去县城购入一些副食品放置于自己家中，经过一段时间就有周围村民获知消息前来购买，可免去购买生活物资而来往县城的旅途劳顿，这也是本村村民购买生活用品的重要来源之一。D 村除有一间办理了正规经营许可证的农村超市外，还有 2—3 家经营规模非常小的家庭小卖部，几家小卖部也都是间歇性营业，村民之间的相互信任是买卖达成的关键性因素。三是面粉厂、养殖场等较大规模的生产性资料。1 号家庭经营面粉加工厂，本村甚至邻村村民都来加工麦子。与 2 号家庭生产资料的购买相同，GJX 家有兄弟 4 人，都在周边城市工作，生活条件好，此台机器就是兄弟资助其购买。生产资料的购买从根本上改善了村民的生活。

（二）政府配置与家庭消费的协同与整合

从 D 村的农业发展脉络里可以窥见国家农业生产建设的宏观叙事。前文提到，整个 H 县是 G 省三西扶贫工程的重点地域，不少村庄在这一项目的扶持下，生产环境得到巨大改善。"三西项目"是从 1982 年开始，由国家启动的针对西北地区的

扶贫建设项目,此"三西"之地气候干旱、土地贫瘠,素有
"苦瘠甲天下"之称。项目施行期间,政府资助农民建设梯田,
开拓耕地,实施灌溉工程,通过农业基础设施建设改善了经济
状况。但因 D 村地势条件差,农业基础设施并未得到根本改
善。用村民自己的话说,山地条件有限,即使实施了灌溉工
程,耕地的收成也多不到哪里,甚至不能覆盖生产成本。受各
种因素制约,D 村村民长期停留在"靠天吃饭"的状态,也正
因如此,D 村的经济环境长期羸弱,这为之后脱贫攻坚政策的
实施埋下伏笔。

随着生产技术的提高,中国农业建设大踏步迈入农业机械
化的时代,但 D 村由于自身地形的局限性,生产资料消费的升
级与转型十分缓慢,整个 D 村都相对少见大型农用机械,而拖
拉机是较为基本的配置,部分条件较好的家庭购置了拖拉机。
从 20 世纪 90 年代开始,村民的四轮车从几家共用转变为自家
独有。而拖拉机的广泛使用,除农民自身收入水平的提高之
外,国家的政策补贴也起到至关重要的作用。2 号家庭的拖拉
机就是在政策扶持下新购买的。在村民的描述中,早年的拖拉
机是有钱家庭才能有的配置。约从 1998 年开始,国家对农民
购置农机约有 30% 的资金补贴(不同类型与不同型号的补贴
金额也不同),极大地减轻了农民购买生产资料的负担。

农业技术提升直接决定了农业生产效率,国家在这一方面
也有相关政策支持,以地膜技术在玉米生产中的运用为例。20
世纪 90 年代,地膜刚出现在 D 村,并不被村民接受,有的村民
试用了地膜,但担心地膜覆盖的庄稼嫩芽被捂死,赶快撤掉,
这项技术的推广并不顺利。之后,政府派技术人员深入 D 村,
为农民讲授利用地膜耕种的技巧,有个别家庭使用后,取得了
良好的种植效果,然后才推广开来。此外,农民购买地膜也享

受国家政策补贴，占地膜支出的三分之一。玉米是 D 村的主要经济作物，村民种植玉米后直接销售或喂养自家牲畜。

早期生产技术普及主要由国家主导，政府委派的技术人员发挥着重要的作用。随着媒体的广泛使用，广播与电视中的农业农村频道成为村民获取种植知识的重要来源，这也是农业技术普及的方式之一。随着互联网的发展，村民在快手中就能够看到先进的生产经验，也促进了生产资料的更新换代。从生产资料消费的情况来看，国家与政府是隐含于村民消费决策的重要构成。

（三）"持化"观念的根源

从 20 世纪 80 年代开始，村民摆脱饥饿困扰，粮食种植、家畜养殖的成果基本满足了村民的生活需求。90 年代，地膜技术与化肥的推广与使用，提高了粮食单产量，让农民有所盈余。粮食除供自家食用外，还可通过市场进行出售，获得收入。而在资金支配中，生产资料的维护与更新至关重要。村民利用上一年度种植收成出售换来的资金，预留出购买种子、动物幼崽、地膜、化肥，以及对农用器具进行更新的资金，其结余才能用于一家人的生活开支。如日常基本生活用品的购买，医药费用、供孩子读书等，但这只是理想状态。对积贫积弱的 D 村来说，生活资金匮乏是常态。真实情况是大部分村民并不能预留足够的资金进行开春的生产。直到 90 年代，农村信用社针对农民开放专项信用贷款，用于开春种地的开支，才极大地缓解了村民的生产压力。

对收入的分配体现着农民的基本消费观念，更体现着农民的生活智慧。D 村广为流传的一句话是"吃不穷，穿不穷，持化（规划、盘算、安排的意思）不到一世穷"。意思就是，庄稼人如果不规划好自己的收入与支出，就要穷一辈子。所谓"工欲善其事，必先利其器"，村民深谙此道，所以他们在生活水平提高的同时，也想办法提升着生产工具的效率。对生产成果的支配，村民一直都是"少则自家消化，多则出售获利"，生产资料处于动态平衡中，而怎样分配既不浪费，又能充分创造经济价值，也在一定程度上考验着村民的营生能力。每到春天，农民就开始盘算着今年种什么，买多少种子，用多少化肥，大概能收成多少，养多少牲口，养牲口需要投入多少。当然，这里也有国家和当地政府调控发挥的作用。随着国家农产品市场调控能力的增强，农民对生产有了更为科学的规划。有经济头脑且善于观察的村民，能把握农作物与家禽养殖的盈利周期。在调研中，几位农民聊起猪肉价格，说："明年养猪，你就记住，四年一个猪周期，肯定的。"这也是农民群体智慧的体现。持化观念是根植于农民心中的思维方式，生活消费自然具有一定限制性。此外，还有"穿衣吃饭看家当""家从细（节省）处来""缸口不存，缸底存不住"等当地俗语，体现着农民精打细算的观念。

（四）农村人际关系的黏合剂

从 20 世纪 80 年代包产到户开始，农业社会的生产生活转向以家庭为核心，这虽然极大地提高了农民的积极性，但家庭经营模式在生产效率、生产能力方面存在一定的局限性。在经济欠发达的 D 村，普遍存在 2—3 个家庭共同购买生产资料、相互协作的情况。在生产资料欠缺的年代，两户人家各养一头牛，春耕时两家合作，轮流耕地。2010 年，1 号家庭和 5 号家庭各出 1700 元，共同购买了一辆拖拉机，平日共同维护，满足了两家耕种需求，既提高了生产效率，又解决了人手不够的问题。

这种分享生产资料的模式，既降低了耕种成本，也规避了投资风险。这两家向来交好,两家的女主人经常坐在一起聊天,相约去县城逛街。在分享和共同维护生产资料的过程中,村民们培养了彼此之间的信任和依赖,形成互帮互助的良好村风。这种模式不仅为农业生产提供了物质基础,也在很大程度上巩固了农村社会的和谐稳定。

（五）效率提升与技术变革的驱动力

首先,先进的生产工具提升生产效率。村民通过购买先进的大型农用机械,极大地提高了农业生产的效率。村民这些机械设备的使用,不仅减少了劳动力需求,还缩短了生产时间。例如,铡草机和收割机的应用使得收割和加工过程更加高效,四轮车的使用则提高了运输效率。村民通过网络购买小型农用工具,也进一步提升了生产的灵活性。近几年,农民购买大型农用机械,如铡草机、收割机、大型农用四轮车、磨面机等都得到了国家的补助,他们先到村委开便函,再到乡里的农机站办理相关手续,县里的农机局就会给予购置补贴。

其次,D村村民在获取新技术和生产资料方面更加便捷。通过拼多多、快手等平台,村民可以接触到各种农业新技术和工具,甚至能够通过模仿和学习自己制造工具。这种信息和技术的流动,不仅拓宽了村民的知识面,也促进了技术交流和创新。例如,WCY先生通过拼多多学习制作母牛助产器,GJQ先生通过快手学习制作猪食槽并用于出售,被访者C在快手平台上学习了果树嫁接技巧。互联网在提升农村技术水平和促进技术交流中起到重要作用。

技术的交流,不仅仅是简单的模仿和学习,更是在村民之间形成技术共享和创新的氛围,极大地提升了D村整体农业生产水平和技术应用能力。

二 生活消费流变

（一）住——生活空间的构造与格局

1. 功能分明的居住空间分配

窑，是西北地区的传统住房。20 世纪 60 年代，D 村里的住房大多是窑，生活空间狭窄，几代人共同居住。直到 80 年代，村民陆续将窑改造为土木结构的住房，院落的基本格局也随之发生变化。D 村的院落以四合院格局为主，由上房和两侧偏房组成。上房有"客厅"的功能。客厅中间位置设中堂，村民喜欢由书法作品作为中堂的墙面背景，还有部分家庭用山水或田园的彩画装饰。书法一般由村民自己的亲人朋友提供，彩画一般是从县城或镇里的集市购买。背景下方摆一面桌子，两把椅子。随着时代的变迁，有部分家庭中堂桌椅被沙发取代，但书法作品会被保留。上房里一般居住着家中长辈。右侧房中一般居住着家中的次年长者，未成年的子女随父母或祖父母居住，待其读大学开始，会腾出其中一间侧房供其居住，并作为"娶媳妇""添家口"房间。1、2、5、6、7、8 号家庭的住房均为此种布局设置。改善居住环境是村民一直以来的追求。2010 年前后，不少村民盖了洗澡间，用于日常洗漱。同时，政府帮扶安装沼气池，村民生活便捷性得到进一步提升。

在村民居住空间的整体变迁中，家具、电器等消费品具有重要作用，也正是因为消费品的填充，家庭中的各个房间才有了具体功能指向，这一过程就是村民口中的"置办"。1 号家庭在为自己的儿子准备婚礼房间时，购置了衣柜、电视、床上用品以及一台电视机，装饰了东厢房。在东厢房被装饰为儿子婚房之前，并没有具体的功能，仅放置一些日常杂物。

2. 受惠于国家政策补贴的村民住房变化

进入 2000 年后，D 村到村外打工青年劳力逐渐增多，收入水平有所提高。大部分农民有了钱的第一笔消费就是盖房，盖房可以享受国家的住房补贴。约从 2009 年开始，国家对农村住房实行危旧房改造，D 村民受惠颇多。2009 年的补贴金额为4000 元，其后渐次提高，2019 年为 11000 元。其中，四类低保户的获助额为 22000 元。这些补贴帮助村民降低了建房成本，鼓励他们改善居住条件。

根据村支书提供的相关材料，2014—2019 年，D 村危房改造共补助 54 户，共 74.2 万元（其中 2014 年 7 户，共 7.7 万元，2015 年 10 户，共 12.75 万元，2016 年 24 户，共 27.6 万元，2017 年 10 户，共 19.55 万元，2018 年 3 户，共 6.6 万元）。

国家补贴政策不仅减轻了农民的经济负担，也激发了他们投资改善生活条件的积极性。这些补贴不仅用于建房，还可能带动其他相关产业的发展，如建筑材料供应和施工服务等。在国家政策支持的同时，村民的收入也在不断增加，这些因素共同促成了村民住房条件的改善。生活质量得到提升，村民幸福感也随之增强，新房的建成也改善了村庄的整体面貌。

（二）食——生产与消费相伴相生

1. 自给自足影响下的饮食文化

D 村因其气候条件决定了耐旱的植物成活率较高，有扁豆、荞麦、靡子、谷子、莜麦等。因此，H 县还被称为"小杂粮之乡"，杂面是村民饮食结构的重要构成。在 20 世纪 60 年代困难时期，土豆是农民最主要的食物；至 80 年代包产到户后，农民生活水平有所提升，以吃面和杂面为主；90 年代粮食略有盈余，有的村民将小麦、扁豆拿到集市换大米，主食类多元化。村民将小麦加工成面粉后，会蒸馒头、烙饼、油果子、油饼子等，品种丰富。

村民的早餐喜爱吃被称为"馍馍"的面点，就是这一带村落流行的罐罐茶。面点大多由家中女主人定期制作，或蒸或炸。罐罐茶一般为市集购买的便宜散茶。每到冬天，村民一早升起炉火，将罐罐茶与"馍馍"放置于火炉，简单吃食后，便开始了一整天的劳作。村民的午饭与晚饭也多以白面或杂粮面为主，日常会再炒一道菜作为补充。

村民食用的蔬菜主要靠自己种植。在市集中，虽有蔬菜出售，但村民普遍节约，购买次数少。到冬天，蔬菜的品种更少。土豆、萝卜与腌咸菜便成为调剂饮食的主要"蔬菜"。20 世纪90 年代之前，大部分村民会在九月晒干菜：妇女将菠菜叶子、萝卜叶子吊在绳上，晾晒成干，待到冬天处理后食用。吃干菜过冬是 D 村一带的传统。在村民的回忆中，约在七八十年代，每年正月二十三就是"干菜节"，这一天不仅要吃干菜，还要用煮干菜的水洗手，来年皮肤不生病。直到村民生活水平提升，反季节蔬菜可在城镇购买，村民冬季吃菜不成问题，这一节日才自然消失，近几年都没有过了。

北方地区因气候关系，普遍存在冬天吃腌菜的情况，而腌菜还体现了女主人的"治家"能力，这样的习惯一直保持至今。西北地区有一种特色的咸菜，是将韭菜与杏仁用盐浸渍，并用红萝卜丝点缀，村民称之为"盐憨菜"，用以下饭，改善面食的单一口味。

2. 向外购买逐渐增多

前文提到，D 村的耕地面积有限，粮食单产提高后虽能填饱农民的肚子，但物质生活水平较低，用于购买物品的资金有限。20 世纪 90 年代末到 2000 年后，村里不少人外出打工，被访者WCY、GJQ、WX 等都有外出打工的经历。WCY 说："老婆在家里种地，我在外面打工，孩子之前小的时候我转了大半个中国。"通过打工，村民的收入多元化，钱多起来了，D 村民才真正迈入"商品经济时代"。2010 年之后，村民日常向外购买饮食的频率逐渐升高，包括米、面、蔬菜等，多从当地村镇的超市、市集购买。逢年过节需求增多时，还到 H 县购买。如今已经几乎没有单纯依靠自己种植便能满足日常生活消费的家庭。通过对村民购物的跟踪记录可以看出，购买频率最高的是蔬菜，水果次之。

近几年，村民购买面点的频率也逐渐提高。以 ZYW 为例，在消费跟踪的 15 天中，其中有 5 天购买了蔬菜，6 天购买了瓜果，还有 3 天购买了蛋糕、桃酥、面包等。食物的购买主渠道为村口小卖部、乡镇超市或县城超市。村口超市的老板 CZ 说："以前进馍馍只进一袋子，一个一个卖，现在有的人一买就是一袋子，几袋子几袋子进，人们都有钱买了，自己蒸馍的少了。"长期以来，相对于其他食物，农村的肉类食物相对充足。村民们在开春买几个猪仔，等到冬天养成，除自己食用外，多余的猪肉，村民会将其封缸腌制或直接冷冻以保证自家食用，其余用于出售，也是收入来源之一。但有些村民认为，直接向外购买既省时又省力。近几年，养殖的家庭也在逐渐减少。水产类产品主要依靠购买，且多在过节期间食用。调研家庭中，其中 6 个在过年前买了带鱼、梭边鱼等水产品，购买渠道均为县城菜市场。

3. 国家扶持下的饮水等基建工程

D 村曾是一个饮水困难区。在访谈中，村民们对过去用水困难的日子依然记忆犹新。近几年，在国家的扶持下，D 村实施了水资源基础设施工程，村民的饮水问题得到基本解决。

早在 1995 年，中华慈善总会开始实施"母亲水窖"慈善雨水集蓄工程,旨在改善甘肃等少雨地区村民的饮水问题。约1997 年,"母亲水窖"工程在 D 村实施,极大地改善了农民的饮水环境。"母亲水窖"工程是通过建设雨水集蓄设施,收集并储存雨水,供村民日常使用。这一工程有效缓解了 D 村的饮水困难问题,提升了村民的生活质量。然而,随着时间的推移,这种传统的水源供应方式逐渐暴露出一些问题,如雨水收集量受气候影响较大,水质难以保障等。

近年来,D 村启动了以引入自来水为主要措施的安全饮水项目。据村委会的统计,全村 324 户全部实现了安全饮水覆盖。具体措施包括:自来水入户 + 水窖,解决了 155 户的用水问题;集中供水点,建成 7 座集中供水点,解决了 163 户的用水问题;邻里取水 + 水窖,解决了 6 户的用水问题。在建档立卡贫困户中,130 户通过"自来水入户 + 水窖"解决了用水问题,81 户通过"自来水集中供水点 + 水窖"解决了用水问题,3 户通过"自来水邻里取水 + 水窖"解决了用水问题。至此,全村自来水普及率达到了 100%。

在调查中发现,尽管 D 村的饮水环境有了显著改善,但在实际使用过程中,村民们仍然面临一些饮水问题。最关键的就是供水的稳定性,目前还无法完全满足村民的日常需求,D 村的饮水工程仍需进一步调试和优化。

以村民的生活为中心,政府在其他基础设施建设方面也给予一定支持。在 2010 年以前,村民做饭主要依靠上山捡柴或购买煤炭。2010 年后,农户在政府扶持下建造了沼气池,现在村民做饭主要使用沼气,取暖仍使用煤炭。这一变化不仅减少了对环境的破坏,还提高了生活的便利性和效率。

(三)衣——朴素与保守观念的外显化

整体上来讲,D 村村民在着装方面较为朴素,价格是选购衣服的首要标准。村民对便宜购买的衣服有明确的认识，虽说"便宜没好货"，但能省则省，只要样子可以接受，穿着效果差与耐洗次数少也可以接受。正如 WCY 所说，便宜的衣服扔了也不可惜。对衣服的购买决策过程关键是在价格与质量之间找到平衡点。LSM 说："咱们农村就是太高端的也消费不起，但也不能太低。你比如说一双皮鞋，这个是我儿子给我买的，六十块钱，火狐狸买的，他买的时候我说你这个鞋我能穿一个礼拜，一般买鞋要买一个一两百块钱，我穿上两三年。"WHM 在乡镇市集购买了两个棉马甲，各花了 20 元（一个给自己，另一个给儿媳妇）。聊天时，她身上穿的棉马甲是三年前花 18 元购买的，但因为只有这一件，平日里不舍得穿。这次购买之后，打算经常换着穿。在 20 世纪八九十年代，村民用于购买衣服的钱有限，经常着"旧衣"，市集也会有大量的便宜的二手衣服售卖，这一现象在近几年才逐渐消失。还有一些慈善机构将募捐的衣物送到 D 村，上了年纪的村民会分批挑选。村民购买衣服的主要渠道为乡镇、县城的实体店。近几年，网购也丰富了村民的购衣渠道。在调研中，每个家庭都有网购衣服的经历，但普遍认为网购的衣服质量较差，以下是村民涉及网购与质量的观点。

> 再一个你比如说腰带，我就很费。我在网上买了一个六十块钱的。咱们这里消费比较低，咱们市面上你买上一个二十三十的就行了，我说买个六十的，结果买回来不到一个月就断掉了。（GJH，男）
>
> 我在拼多多退过两条裤子，做工不行就退了。（WCY，男）
>
> 网上买的太贵了，但是买回来觉得没有店里的好。学生穿的就几十块钱的，一百多的就买上了，样子好着呢，

质量不太好。(MHX，女)

　　实体店打折的十几块钱的衣服，可以穿，但是网上十几块钱的衣服刚买挺好的，你穿个十几天就会起球。所以现在是买的千佳汇那几个大型超市的衣服。也比网上买的稍微实惠一点。(ZYW，女)

　　由上可以总结出村民对衣服的消费决策特点。首先，村民会根据自身需求在价格与质量之间找到平衡点。一般来说，价格是村民首要考量的因素。其次，经过购买的实际体验，村民已对网络消费渠道产生一定认知，还会在实体店和网购之间进行权衡。虽然网上购物价格可能更低，但他们也意识到网上的商品质量不稳定，常出现质量不佳或不耐用的情况，部分村民还有网络渠道的退货体验。最后，在实际购买行为中，村民倾向于选择自己信任和熟悉的店铺。熟悉感在村民的消费体验中占有相对重要的位置，产品口碑是购买决策的重要依据。

　　在穿衣风格的演变过程中，村民审美包容度逐渐拓宽。被访者 WHX 回忆说:"以前，高跟鞋、喇叭裤、健美裤的出现，总会引起村民的一阵讨论甚至谩骂。"但如今，村民在这一方面的接受程度相对提高。而在与村民接触的过程中发现，若穿衣风格花哨，更换频率高，但家庭情况一般，会引起周围村民的一些议论。所谓"穿衣吃饭看家当"，在衣服的购买中，也能明显看到村民消费的基本规范。

　　(四) 交通工具——实用为导向兼顾生产需求

　　在 D 村，条件较好的家庭购置了汽车，有车的家庭占整个村子的20%左右。深度接触的9个家庭中，其中有5个家庭有车，详情见表3-1。首先，不同的车辆用途满足了村民不同的需求。从车型看，覆盖了从经济型小轿车到商务车、SUV 等不同种类。村民购买车最主要的考虑因素为实用,要求车的空间足够大。1 号和 7 号家庭均购买客货两用的 7—9 座车型,1 号家庭的车除了日常使用,还是磨面坊的重要生产工具。被访者 A 回忆说,早在 1998 年购买了一辆时风牌三轮车,平时种地用,闲了到路上拉人去县里,每个乘客收费 2 元,冬天在三轮车上搭塑料布,由于没有运营资质,常与运管人员周旋。其次,大部分车辆价格相对较低,村民倾向于购买经济实惠的车辆。从品牌看,村民倾向于购买国产品牌轿车,价格约在 10 万元以内。有个别条件较好的家庭购置越野车型,未超过 15 万元。也是基于性价比的考虑,村民倾向于购买二手车。

表 3-1　　　　　　　　深度调研家庭购置汽车情况

编号	品牌	价格	是否二手	购买年份	车型
1	五菱红光	3 万元	否	2015	7—9 座商务
2	东风	11 万元	否	2016	SUV
3	奇瑞 QQ	3 万元	否	2009	小型轿车
6	奇瑞	6000 多元	是	2016	小型轿车
7	长安	4 万元	是	2010	7—9 座商务

三　物质消费场域的转型

（一）计划经济时代的"代销社"

中华人民共和国成立初期,国家实行计划经济,生产与消费由国家统一管理。"供销社"是这一时期唯一的购物场所。供销社的全称为"中华全国供销合作社",统一领导和管理全国的供销体系,在全国范围内开展农业生产资料、日用消费品、农副产品、再生资源等经营与服务。据村民讲解,供销社一般设置在乡镇一级地区，在农村地区，具有与供销社相同性质的购物场所是"代销社"，代理销售县里和乡里供销社的货品。代销社的设置是为了方便村民购买，所售货物为煤油、食盐、布、棉花、火柴等，还有"针头线脑"（指做针线活儿时所用材料）。离 D 村最近的供销社在 Z 镇，部分村民也会到供销社购买东西，大部分东西在代销社里购买。村民用于购物的票证由国家统一管理，所持"购油证""购布证"，数量有限。农民既没有票证，也没有钱，基本没有什么购买能力。

农民生活的物资以公社为单位，加上 D 村自然条件差，村民的生活水平也十分低下，勉强维持生计。尽管从当时整体的社会环境来看，物资匮乏是普遍状态，但 D 村的物质匮乏状况更甚。被访者 E 回忆，"那个时候都困难，有一锅洋芋吃就不错了，那种生活你们无法想象，没有什么可消费的。农村的孩子都没吃过糖，有的干部家的孩子，过年时才能买到几个水果糖"。该被访者出生于 1977 年，在他的回忆中，供销社的柜台非常高大，供销社里的工作人员也都"高高在上"，因为他个子矮，每次去买煤油，双手托着买煤油的油壶，踮着脚递给售货员，再双手接下来。对于还是小孩子的他来说，供销社里的货物琳琅满目，很有吸引力。他还提到："70 年代流行'鸡屁股银行'，鸡蛋具有货币的功能，用于货物流通，大的鸡蛋相当于 6 分钱，小的鸡蛋相当于 5 分钱，到代销部里，两颗鸡蛋可以换一斤盐。"

（二）流动消费空间：货郎

到 20 世纪 80 年代，村民的生活模式也相对简单，在日出而作日落而息的平凡往复中维持生存，村民的生活需求也相对单一。这一时期，"货郎"在 D 村消费中扮演了重要角色。货郎，是游走于各个农村的生意人。他们用扁担挑着货箱，里面放着针、线、小镜子、小人儿书等"稀罕"货物,常年流动于各村庄之间。货郎所到之处,便成了该村临时的购物场所,周边男女老少会聚集起来,观摩这些稀罕物,购买一些生活必需品,如针、线等。早期的货郎三三两两,不定期出现在 D 村,待乡镇集市形成规模后,货郎便逢集而聚。

货郎在农村的出现,不仅承担着货物流通与销售的功能,还在一定程度上促成了农村人员与信息流动。据被访者 C 回忆,H 这一带的货郎大多来自周边的 T 县与 Q 县。直到现在,村里娶 T 县媳妇的年轻人很多,这与当时两地的人员往来不无关系。货郎除了售卖物品,还习得一些手艺,如粘锅、补箩等,在增加自身收入的同时,还是村里年轻人的技术媒介,承担着技能传播的功能。访谈中,被访者 A 回忆了自己向货郎"偷学"粘锅的手艺。此外,货郎自身的流动性使得他们搜集了很多新鲜事,是 D 村农民获取村外信息的重要来源。

(三)主要购物场所:市集与乡镇超市

1. 变迁中的 Z 镇市集

一直以来,Z 镇是 D 村村民活动的重要区域。除镇政府外,设有幼儿园、小学、初中等教育机构,也有规模较大的超市、药店、快递收发室等。村民因需接送孩子上学,在其中往来较多。村民经常活动区域由一条约五米宽的街道展开,南北贯通,街两边有商铺,这也是附近村民购物的主要场所。每逢农历三、六、九日,镇中有集市,附近村民会将自家耕种的蔬菜等拿来售卖,周边农村的商贩也都集中于此。施坚雅敏锐地观察到了这一类市集对中国农村的重要性,并将其用"基层"(Standerd)指代,因为它满足了农村家庭所有的贸易需求:家庭自产用自用的物品通常在那里出售,家庭需用不自产的物品通常在那里购买。① Z 镇市集正是具有这种特征的重要场域。

随着时间的变迁，Z 镇市集的形态也在发生着变化。一些商铺或生意种类随着村民的需求经历了从有到无的过程，例如铁匠铺。早期，村民生产与生活物资，如锅铲、菜刀、半幅、铡刀、铁叉子等，均由铁匠铺的匠人手工打制，现在这些物资都可以在超市购买到，铁匠铺也随之消失。还有被村民称为"大集"的牲畜交易场所，近几年村民牲畜交易的需求减少，加上交通便利，大集被整合在附近的 T 镇，现在还有宰杀牲畜的"专业人员"上门服务，大集也正趋衰落。

在被访者 D 的回忆录里，"逢集"的场面非常热闹：

> 每到逢集，四山弯弯曲曲的乡间小路上走满了赶集的人，有提着褡裢的，有挎着篮子的，有背着包包的，还有挑着担子的，总之在这天起个大早去赶集，人们大小还是要做点买卖的。有想卖点鸡蛋的，有想卖几斤羊毛的，有想卖几碗旱烟末子的……当然，还有财大气粗，后背上搭着几张羊皮的，东西如果顺利卖掉，可以罐几斤煤油，买几盒火柴，扯二尺丝布，称几斤咸盐，买几只鸡娃子，或者是去铁匠铺里买几件犁铧铲子锄头铁捞钩。人们三五成群，说说笑笑，和和气气，一路走来。碰见认识的，打声招呼，问个好，碰见不认识的，也可点个头，搭个伴，聊聊庄稼。

如今，随着农村商品经济的发展，购物渠道增多，村民购

---

① ［美］施坚雅:《中国农村的市场和社会结构》，史建云、徐秀丽译，中国社会科学出版社 1998 年版，第 5 页。

物不再依赖市集,如今的市集比起当年"摩肩接踵"的景象,已萧条不少。调研期间,于农历腊月二十三时去市集观察,这是村民置办年货的阶段,但赶集人群稀稀落落,所售物品种类也相对有限。

2. 超市

Z镇有一大型综合超市K,之所以称其为"大型",首先因占地面积较大,约350平方米,是Z镇中面积最大的超市;其次,经营项目丰富,有洗化用品、零食小吃、小型电器、厨房用品、米面油、衣服等。在访谈调研的聊天中,村民们频繁提到该超市。通过观察也能看出,村民家中的大部分日常用品均在此超市购买。K超市老板是一位50多岁的中年人,1999年之前在L市工作,下岗后通过榨胡麻油起家,在与县城连锁超市的合作中激发了开超市的想法。2007年加盟经营,经过三次扩张,达到如今规模。

正规产品对村民的消费观念具有教化作用。在对K超市的考察中,笔者改变了进入田野之前的想法,即农村的购物环境相对较差,渠道可能存在假货较多的情况。K超市老板LYS多次提到进货渠道与产品质量的问题,国家食品安全相关单位对超市物品的管理极为严格。LYS有低价进货被罚款的经历,为了超市的正常运营,得从正规渠道进货。正规物品比周围小型超市的物品贵,一开始村民并不接受。LYS说:"原来我开超市,货价格高了人家都不买,到今年这也贵得很那也贵得很,也只能买买买,啥都有个适应的过程,像这个超市也是,开始大家觉得太贵了,做啥都贵得很,没办法卖,后来慢慢接受了,再说国家食品安全抓得严。"超市对村民购买正规物品的习惯养成起到重要作用。对D村小超市L的考察也印证了此观点,该超市虽小,但所进的商品都是正规商品。超市老板CZ也说,

"以前的村民购买东西专找假货，尤其是送人的礼盒，这几年这种情况基本没有了，因为大家生活水平逐渐提高，对物品的要求也逐渐提高，假货没市场了"。

然而，在对村民家庭消费品的考察中，仍能看到山寨货品。上文中提到，有部分村民经营自家小超市，并没有正规的经营许可证，进货渠道零散，价廉而质低，村民日常购买到的产品可能来自这一渠道。此外，镇中集市的流动货物摊点也有假货充斥，村民只觉得价格合适就购买了。在问及使用这类山寨品的感受时，年纪较长的村民也难以分清其与正规产品的区别，说在使用上也无特殊之处。

3. 网购对村镇超市经营品类的影响

物流服务进入农村后，对 K 超市经营有所影响，但品类集中在衣服、小家电等杂物。LYS 说："网购主要影响的是针织鞋帽，乱七八糟的这些东西，前几年我们卖衣服这些东西卖得特别快，现在就不行了。人家都是从网上买，随便买一件来好就好，不好就扔了。你看这镇上几个快递点，网购的人多了取货的也多了，所以还算有影响。"但在村里的小型超市 L 受冲击不甚明显，小型超市所售物品主要为日常用品，如油、盐、酱、醋、洗衣粉等，对这些物品村民要求"即用即买"，小超市就可以满足需求。在网购影响下，K 超市与 L 超市都在一定程度上调整了产品策略，进货更趋向于村民日常所需物品，面对网购带来的冲击，LYS 与 CZ 都有危机感，并在经营项目上积极寻求出路。

（四）耐用品主渠道：县城商圈

1. 20 世纪 90 年代后期，D 村村民步入耐用品消费阶段

进入 20 世纪 90 年代，D 村村民的生活水平整体提高，从过去的"吃饱"进入"吃好"的阶段，农民手中逐步有了多余资

金,用以丰富日常生活用品。1995 年,312 国道开通,D 村村民的活动空间得到极大拓展,消费物品的购买从村里到乡里再到县城,购物渠道多样化。县城的"南关十字"是商业中心,售卖家用电器、农用器械、衣服等,"上城"是村民观念里虽不常有但值得期待的事。上文中提到,随着村民手中的钱多起来,大部分村民第一时间改善了住房,房屋修缮好后,添置家用电器成为消费主流。自此,村民的消费步入耐用品的消费阶段,电视机、电冰箱、洗衣机成为村民流行的"三大件"。

2. 家用电器——"跟风购买"与"有限使用"

居住空间扩大,住房环境的改善,刺激了村民购买家用电器的欲求。在 D 村,自 20 世纪 90 年代开始,部分家庭购置了双缸洗衣机、热水器,还有电视、音响、冰箱、冰柜等。村民家庭的日用电器逐步齐全,大部分家庭在格局上有了真正意义上的客厅,沙发、茶几多围绕电视摆放。家用电器的购置,将村民的房屋格局进一步划分,尤其是买了电视后,以电视为中心的区域成为家庭生活的中心场所。对农民群体来说,家用电器等物品,更多意义在于填充家里的摆设,"舍不得用"的情况普遍存在。WHM 说:"买了个洗衣机舍不得用,还是用手洗,用完一次后也要擦干净,这台洗衣机用了十几年都没坏。"在调研中,笔者等人所到村民家中,多会被邀请到"正房"小坐。正房摆设的电视、冰箱等有一块布覆盖,询问使用频率,多反馈为不怎么使用。1 号家庭正房中的液晶电视机已许久未打开,GJQ 夫妇经常使用的还是放置于东厢房的老旧传统电视。农民群体对电器的更新换代相对较慢,省吃俭用是消费价值观里始终未变的内容。

村民在购买电器方面存在"跟风"现象。以冰箱为例,在农村生活中,夏天的蔬菜直接到地里采摘即可,没有冷藏需求,但在冬天杀猪后，猪肉需要冷冻，冰箱因其空间狭窄并不实用，冰柜更符合农村家庭的需求。调研的个别村民家庭中，如6号、7号家庭，虽有冰箱但都放置在客厅，基本闲置，"摆设"功能大于使用功能。村民在意识到冰箱"不实用"的事实后，继而购买了容量更大的冰柜，放到厨房。也有家庭如2号、3号，近几年冬天冻肉的需求少，冰柜也成了闲置的物品。调研家庭的冰箱购买情况详见表3-2。

表3-2　　　　村民家制冷装置的购买与使用情况　　　单位：元

编号	冰箱						冰柜					
	品牌	购买年份	是否闲置	摆放位置	购买渠道	价格	品牌	购买年份	是否闲置	摆放位置	购买渠道	价格
1	三洋飞鹿	2009	是	厢房	县城	1300	海尔	2009	否	厨房	县城	2200
2	美的	2010	是	客厅	县城	3700	不详	2012	是	厨房	县城	记不清
3	创维	2013	否	客厅	县城	不详	不详	2015	否	厨房	县城	记不清
4	/	/	/	/	/	/	星星	2017	否	厨房	县城	2000
5	TCL	2010	否	客厅	县城	1400	/	/	/	/	/	/
6	新飞	2009	是	客厅	县城	1200	华美	2012	否	厨房	县城	1800
7	新飞	2014	是	客厅	县城	2000	星星	2016	否	厨房	县城	1800
8	星星	2014	否	厨房	县城	2000	/	/	/	/	/	/
9	/	/	/	/	/	/	/	/	/	/	/	/

注：9号家庭较为贫困，只有电视一种家用电器。

3. 销售渠道对村民耐用品消费决策影响甚大

品牌是村民购买耐用品的首要考虑因素，这不仅是由于电视广告的影响，更重要的是通过村民之间及村民与售卖人之间的交流互动形成的品牌观念。长期以来，在D村，县城商圈的家电零售商在市场中占据重要地位，他们不仅决定了货物供应的品牌和品类,还在村民购买决策中起到了关键作用。村民在购买耐用品时,往往会倾向于听取售货人的建议,这使得零售渠道在村民消费决策中有很大影响力。

例如,村民 WX 表示:"卖的人说这个(电器)好着呢,应该就好着呢,我也不懂,反正坏了要拿过去修,又跑不了么。"这种对售货人的信任,使得零售商在推荐产品时具备了很大的话语权。村民 GJQ 和 LSM 也提到,他们在县城购买电器时,主要依据售货人的推荐来选择品牌。在这一过程中,零售商常常倾向于推荐销售利润较大的货品,也直接影响了某些品牌在村中的流行程度。

此外,网络购物渠道的普及虽然提供了更多的选择,但由于物流和售后服务的局限,村民仍然更倾向于在本地零售商处购买耐用品。网络购物的兴起也迫使传统零售商提升服务质量,以保持竞争力。这一变化反映了零售渠道在村民耐用品消费中的重要性。零售渠道对村民耐用品消费决策影响不仅体现在品牌选择上,更重要的在于售后服务和信任关系的建立。通过零售渠道,村民获得了更多的产品信息和服务支持,这对他们的消费决策产生了深远影响。

(五)网络对购物空间的拓展:从农村淘宝店到手机购物

1. "农村淘宝店"开启村民网络购物新世界

2014 年,阿里集团开始推进农村网络购物,搭载县村两级服务网络,这也是国家推进农村电商发展的举措之一。2016 年,Z 镇开设了一家"农村淘宝店",由两个刚毕业回到翟所乡就业的大学生经营,营业场所由乡政府提供,阿里集团向农村淘宝店投资了电脑、办公桌、电视。电视挂于墙面,用于同步电脑中淘宝网的页面。村民到店买东西,店主在网上搜索,村民通过电视选购,选中的物品由店主下单,村民将货款付给店主,并支付货物价格的 10% 作为购买物品的"服务费"。该店铺同时也是快递服务点,货到后,农民到店取货,完成购买。在运营一段时间后,农村淘宝店越来越受到周围村民的欢迎。GJH 家中的智能液晶电视和冰箱都是在农村淘宝店购买。然而,农村淘宝店在村里持续的时间并不长。智能手机普及后,村民自己上网买东西也非常方便,农村淘宝店没有了存在的必要性。在调研中,现在的农村淘宝店经营人 XB 说:"2018 年开始,到店里买东西的人就少了,现在谁还来这儿买东西,人手一个淘宝店。"

2. 农村快递点的尴尬处境

调研期间到农村淘宝店里实施观察,没有看到墙上的电视,经营人 XB 正在用电脑看电视剧,没有人购买东西,只有人取快递。在一整天的观察中,约有 13 人取快递。在与 XB 的谈话中了解到,两年前,最初经营的两个大学生已经将淘宝店转给他,现在农村淘宝店完全已转变为快递公司的服务网点。XB 接收店面后,代理了申通快递和百世快递,代理时交了 2 万元押金,但店面盈利微薄,寄件的收入也有限,加起来每月不到 1000 元,每天都得有人看守。XB 说:"我想关但关不了,没有人要,把我现在拴在这里了。"Z 镇的另一家快递点是中通快递,由 YJJ 经营,且全家人生活在店里,店面运营成本较低。YJJ 说:"就是因为不需要掏房租才能干这个活,掏房租就不能干了。"他每天守在店面,寄件客源较稳定,每月收入在 1300—1500 元,虽没有政府扶持,但运营状况尚可。

快递点长效运营的基础是政府服务、运营人、村民三方都获益,而运营人的收益与村民网购的数量有直接关系。在农村,若快递量少,对"蹲守"到快递点的运营人来说,收益难以覆盖其成本。但是整体来看,近几年,快递点收取快递量呈稳步增长的态势，过年时节与寒暑假为旺季，尤其是寒暑假，在外读书的学生回到家中，因村里的物资相对欠缺，学生从网上购买物品的情况较多。

3. 手机购物习惯基本养成，子女反哺情况明显

正如 XB 所说，现在 D 村民"人手一个淘宝店"，手机网购已经全面取代农村淘宝店，网购需要"中介"已成为历史。在调研中观察到，拼多多是 D 村民主要使用的购物 App，在对快递点的定点观察中，13 个取快递的村民中，其中 7 位从拼多多购买，购买物品为日常用品、孩子的学习用具等。村民普遍认为拼多多购买的物品物美价廉，已成为不可或缺的购物渠道。在调查中发现，快手也是村民购买物品的重要渠道，尤其在年轻人中体现较为明显。WL 说:"快手上可以直观地看到购买物品的样子，视频的方式比图片（淘宝、拼多多）看得清楚些，价格比淘宝来说便宜些。"接触的村民中，只有 HX 使用唯品会，在 HX 的观念中，唯品会的物品比较高端。在 WCY 的拼多多 App 里，看到了很多与农民生产生活连接非常紧密的物品推送，比如牛的鼻环，不仅款式多，且价格便宜。网络购物不仅极大地丰富了村民的日常消费，还更新了村民的生产工具，实体店不好配置的农用器具零件，在网上可以轻易获得。WCY 说:"前几天我买的打包机上的东西，有三个废轮胎，光运费就要 40 多，昨天我运上来的，安装上了，有些配件咱实体店里没有，拍个图片发过去他们就给你找，零件要配套呢。"

在研究中还发现，年龄较大的村民虽使用电商购物 App，但没有实际操作购买，一种原因是手机没有绑定银行账号，例如，WHM 说:"就没绑定么，害怕把钱套上了（骗走了），看上啥了娃娃就给买了。"还有一种原因是手机操作不够熟练，GJH 说:"我女儿（14 岁）把手机玩儿得比我转，人家一天就在手机上

买着呢。"所以,在农村子女对家庭网购的反哺作用明显。研究中,除了3号家庭的孩子还太小,其余8个家庭都有子女网购寄回村里。YJP虽然使用快手和拼多多,但没有具体操作购买,若有必需品,会告知儿子,由儿子购买寄回村里。GJQ提到儿子帮买东西的经历时说:"儿子帮着买了个锯子,在村子上没有卖的,县城都没有,这个锯子是机器上的锯子,就网上有,磨光机上是什么型号就在网上选什么型号,寄过来方便,山东寄过来四五天,很快,我就只会用微信支付,支付宝使不来。"

4. 直播购物——消遣多于购买

随着网络直播的兴起,观看直播成为村中女性打发日常时间的首选方式,尤其是直播购物的内容最受欢迎。年长一点的女性仅当直播购物为消遣的方式,因为手机购物对她们来说还不是很方便,也担心自己被骗。她们更倾向于将直播作为一种娱乐消遣,打发时间,而不是实际购物的渠道。

而年轻女性则在提及直播购物时表示,尽管她们常常会因为看到非常便宜的物品而忍不住下单,但寄回来后感觉质量很差,甚至退货都很困难。这种体验让她们逐渐对直播购物的实用性产生了怀疑,慢慢回归了理性消费。直播购物作为一种新的消费形式,为村中的女性提供了丰富的娱乐内容和购物选择,但也暴露了商品质量参差不齐、退换货困难等问题。随着这种形式的普及,消费者的购买行为正在逐渐回归理性,更加注重商品的实际质量和售后服务,而不仅仅是被低价所吸引。由此也可以看出,直播购物市场还需更加规范化。

第二节 历史脉络中农民群体的精神文化生活

对农民群体来说,生产之外的闲暇时间是开展精神文化生活的基础，与村民的生产方式模式息息相关。在不同历史时期，D 村的精神文化生活有不同的形式与内容。村民精神文化生活的变迁，受到村民消费方式与媒介接触等多方面的影响。从空间媒介的角度考察，精神活动呈现出集体场域到个人场域转换的趋势。在对物质生活与精神生活的相互观照中发现，村民的物质生活质量与精神生活质量之间的关系并不成正比，而看似内容丰富的手机媒介，也在一定程度上限制了村民的集体娱乐生活。本节内容在对精神生活形式流变分析的基础上，阐释了农民精神文化生活的演变规律。

一　D 村的精神生活流变

（一）讲古事——物质贫乏时期的娱乐方式

对于 D 村村民来说，听古事是记忆中一项重要的精神文化活动，此活动在 D 村自古就有，直到电视机出现之前，该娱乐活动都非常兴盛。古事一般为神话传说或村中奇闻轶事，大多由村中长者讲述。研究访问的 5 位口述史对象，都回忆起了当时的场景。

基于特定的社会历史环境，讲古事活动得以出现并盛行。首先，在村里识字人少，书、报纸等印刷媒介也相对较少，可供村民获取知识和信息的渠道十分有限；其次，在物质贫乏时期，人们的娱乐活动少，年轻人对外界生活与新鲜事物有极大的好奇心。而村里的老者听说的民间故事多，经历的事情也多，村民就会请老者讲古事。古事内容既有书里的故事，如《封神演义》《三国演义》，还有古戏、民间传说等。书中的故事情节与传说内容经过老者的一番演绎，听者随即展开对故事的联想，是非常重要的娱乐体验。

据村民回忆，在生产队和政治夜校里，每当晚饭后，村里人聚集起来听古事,这是村民劳动生产之余感到最开心的事情。讲古事时,村民一般都聚集在收集粮食的"场"里(村里用来贮存粮食的场地)。生产队解散后,讲古事仍是 D 村特有的"风气"。被访者 E 回忆说:"每天晚上吃完饭后就聚集在(某人)家里,一个人讲,大家都静静地听,炕上、地下,满满的都是人,除了太小的孩子听不懂,男女老少们都爱听。"但讲得好的人也不多,会讲的人要记性好,也需要一定的表达能力,所以,讲古事的人会被村民认定为是"能人",讲述人从中也会得到一种表达的快乐。被访者 C 回忆:"那个时候人们的思想活跃,比较开放,大家聚在一起的时候氛围非常好,但是那些会讲古事的人现在都老了,基本都去世了。我也讲古事,讲的是书里的内容,除了古事还有自己加工的一部分。"直到 20 世纪 80 年代包产到户之后,人们都忙碌起来了,讲古事的活动才少了。

(二) 流动电影放映——文化下乡的尴尬之境

据 H 县志记载,H 一带放映电影的活动最早可追溯至民国 25 年(1936 年)。中华人民共和国成立后,约 1951 年至 1955 年年底,定西电影队专员公署电影队多次到 H 县城乡放映电影。1956 年 4 月,H 县电影放映队成立。至此,国营电影放映队逐年增加,在 D 村放映的频次也逐年增加。1985 年还曾有电影放映个体户。

据 D 村村民回忆,20 世纪五六十年代,有文化局电影放映队下乡放电影是令人欢欣鼓舞的事。村民大都不满足于本乡镇的电影放映,如果其他地方有电影放映,有的村民还会追随而去。有时为了看电影,甚至赶四五十公里路程。当时的电影作品较少,即使重复看好几遍都能从中找到乐趣,电影观赏也是老少皆宜的娱乐活动。70 年代播放《洪湖赤卫队》《地道战》《上甘岭》《草原英雄儿女》等抗日题材的电影,80 年代有一些红军长征的电影。据被访者 B 回忆,90 年代电影放映开始收费,一场约一角,但村民们也会追随观看,被访者 A 说:"那个时候,演了个《红高粱》《陌生的朋友》,还有《神秘的大佛》,把人看得喜欢着,印象特别深刻。"另据 H 县志记载,1989 年 H县农村电影放映网初步形成,放映普及率达 95%。

20 世纪 80—90 年代,电影放映活动极大地丰富了村民的精神生活,但随着电视普及,电视节目的丰富,村民精神娱乐项目的可选择范围增大,观看电影的人群被分流。从 2008 年开始,农村电影放映由甘肃飞天农村数字电影院线公司统一管理,并将电影下乡作为公益活动实施,仍委派先前放映电影的人流转于各个村庄。据电影放映人员说:"每年的放映任务是 180 场,每场 2 部电影,设备是好,但电影内容一般。"如今,流动电影放映已无村民聚集观看。被访者 C 说:"前几年放映电影的人来村里,只有我和放电影的人两个人看。"被访者 A 说:"每次来,我得给供电,麻烦得很,村里好多人家都不要,放不成,最近再没来,没人看的。"

(三)民俗活动中的精神文化生活

1. 从看到演,唱大戏是村民最喜欢的娱乐方式

唱大戏是村民娱乐活动的"重头戏"。从 20 世纪 60 年代一直延续到 90 年代,唱戏是村民最向往的娱乐活动。这一活动持续时间久,影响大。大部分"80 后"村民,都把秦腔作为一种兴趣爱好。

在 D 村,多数具有庆典性质的场合都有唱大戏活动。春节从正月初六开始,一直唱到正月十七,还有"二月二""五月五""重阳节"等都是村民看戏的节日。20 世纪 60 年代,村民们主要观看的有《智取威虎山》《红灯记》《一家人》《穷人恨》等。

1978 年以后,村民自发组织,排练古装戏。唱戏活动从排练到演出,参与范围空前广泛。每到农闲时,村中的"带头人"(一般为村中干部或能人贤者)邀请村里懂戏的先生指导,选定某一村民家作为排练的主阵地,每年轮换。演戏成员集中到这一村民家中,这一户人家要负责排戏先生的吃、住。排练好后,择日搭起戏台,开始演戏,一般演出时间为半个月,戏种主要为秦腔。WHM 回忆说:"80 年代人们忙着种地,白天都忙地里,平时没什么耍的时间,但到过年期间,闲了就可以(通过演戏)放松一下。"被访者 C 回忆说:"规模较大的戏需要演员约四五十人,在排戏的鼎盛时期,D 村一年能排练三十多部古装大戏。"村民对秦腔的喜爱,不仅体现在听和看,而且在于几乎每个村民都能唱几句。被访者 A 回忆说:"我喜欢唱戏,但唱得不行么,那年让我演个林冲,排练了好几天,到了台上没唱好。"除自己排戏外,村里也会邀请陕西的戏班来唱演,尤其是举办庙会时,唱戏是重点内容。在村里,会唱戏的小伙子被称为能人,会唱戏的姑娘也颇受大家欢迎,这类青年都会有媒人上门提亲。村民观戏之余,戏台周围的场域还是男女谈情说爱的重要场所。由此也可以看出,看戏不仅是村民休闲娱乐的方式,戏台周围还是农民群体特有的社交场所。

2. 社火与皮影戏,D 村一带的特色文化活动

耍社火也是流行于 D 村一带的民俗文化活动,该活动兴盛于 20 世纪八九十年代,每年正月初四或初六开始,到正月十七结束。耍社火的具体内容有舞狮子、扭秧歌、唱戏、唱高伞(花灯)、耍旱船、龙灯(舞龙)等,耍社火与唱大戏合并,是D 村人度过新年的主要方式,也是农民在劳动了一年之后慰劳自己的重要方式。与唱大戏的组织方式一样,社火的组织也依靠几个带头人牵头,家家户户出钱出力,共同完成,村民自导

自演,同心协力生产属于自己的精神文化盛宴。

除唱戏与耍社火之外,皮影戏也是流行于 D 村的民俗活动。约 20 世纪八九十年代,村里邀请皮影戏班来表演,村民都非常喜欢。早期的戏班只需管饭,或表演后给一条烟作为报酬。但这种模式不足以支撑戏班运转,人员逐渐流失。之后虽趋于商业化,但因受众减少,发展仍很不景气。随着国家对文化传承的重视,皮影戏的文化价值也被发掘,H 县将其列为非物质文化遗产,文化局还选定 6 位传承人进行了资助。2019 年,H 县文化馆为传播皮影文化,在 H 县幼儿园、小学里组织表演。年纪大的村民听闻,感到非常欣慰。

3. 渐趋衰落的民俗文化活动

从上文的分析中也可以看出,D 村的精神文化活动是生产与消费为一体的,村民强烈而旺盛的精神文化需求刺激了诸多文化形式的生产。但近几年,民俗活动在 D 村渐趋衰落。究其原因,主要为以下几个方面。

首先,随着城市化进程的加快,大量农村人口向城市迁移,导致农村人口减少,年轻劳动力向外流动。其次,许多民俗文化活动依赖于口传心授与家庭传承,随着老一辈传承人的逐渐逝去,年轻一代由于兴趣爱好转变或远离他乡,无法接手,导致传统技艺、活动处于断层。最后,传统民俗文化活动难以吸引年轻人参与。据被访者 C 说,现在的 D 村,开展传统民俗活动不到以往的三分之一,还在逐渐减少,参与人员零星半落。春节,本应该是农村最热闹的时候,但城里工作的年轻人正月初八需返工上班,既人力不够,又人气不够。更为关键的是,爱好民俗活动的人逐渐老去,也没有人牵头组织。被访者 D 说,现在回村里,都看到大家在打牌,聊天的人都很少,他为此感到伤感。新一代村民有了新的文化生活,年轻人有了新的审美旨趣，民俗活动渐趋衰落。

（四）自乐班、家庭卡拉OK——日常生活中的精神娱乐追求

1. 自乐班：村民的文化兴趣小组

自乐班是由三五村民相聚，不定期自发组织唱歌、跳舞等活动。活动一般从晚饭后开始，爱好唱歌的村民聚集在某人家中，大家一起唱歌跳舞，其乐融融。还有部分村民是忠实观众，只听不唱，也能从中获得乐趣。从自乐班的活动中可以看出D村村民日常生活中的精神文化追求。

在自乐班里，村民所唱歌曲主要是秦腔与陇东小调。陇东小调与西北花儿类似，是老一辈人口口相传下来的内容。比如流传于H的民歌《王家哥》，是一首情歌，有固定曲牌，内容是诗的形式，非常优美。被访者C说："过去人唱的陇东小调，男女爱情的东西较多，表现人们生活的相对较少，内容整体非常浪漫，带着乡土的夸张。"在陇东小调里，有D村村民的情感态度，审美旨趣。前几年，自乐班几乎每天都有，但随着人们文化生活的多元，电视机与手机的出现，自乐班越来越少，只在逢年过节组织起来大家热闹热闹。被访者C擅长板胡和三弦的弹奏，退休后，在W社举办秦腔自乐班，但后来因其上山参与修庙，自乐班解散。部分村民晚上到乡镇组织的自乐班中，乡镇的自乐班虽有固定场所，但参与人员也在日趋减少。从自乐班的组织中也可以看出，村民自发的精神文化生活项目日渐寡淡，老一辈人的文化艺术产品也渐趋衰落。

2. 卡拉OK：家庭为中心日常娱乐活动

整体来看，D村村民都偏爱唱歌，在家庭场域中，唱歌也是重要的娱乐活动。在D村走访的不少家庭中，客厅都摆放了音响和VCD，调研的9个家庭中，除了9号家庭之外，均有这类家用娱乐设备。经过一番了解得知，在20世纪90年代到

2010 年之前，村民自己购置音响，将唱歌、唱戏的爱好在家庭生活中作进一步发挥。WX 说："卡拉 OK 跟电视一起买的（2000 年），房子盖好我就买了，拉货的一起就放下了，还有四个音响呢，老婆有个唱歌机，唱戏着呢。还有就是过年的时候孩子们都来了，就一起唱一唱。"GH 说："家里有了家庭卡拉 OK 后，我老爹人家就一天天唱着呢，我有时候回来也陪着唱几首。"ZYW 说："这个音响是我公公的，已经好多年没用了，人家特爱唱歌，以前老唱着呢。"现在，D 村爱好唱歌的一代人都接近 60 岁，唱歌这一"集体爱好"也随着村民的年迈而逐渐消失。

（五）大众媒体驱动下的精神文化生活

1. 广播在 D 村的使用虽范围小但影响大

20 世纪 90 年代初期，村里的少部分家庭有了收音机。据 H 县志记载，1986 年 H 县广播发射台建成，全县 27 个乡镇都能接收到调频的广播信号，D 村也包括在内。LBW 回忆，他的父亲当时在广播站工作，每天晚饭后都会到桃花山上打开无线电信号进行播放，播放时段有限。对村民来说，平日里农耕忙完后才有时间打开收音机。但在深度研究的 9 个家庭中，均无收听收音机的经历。GJQ 提到："收音机是个稀罕物，我有个舅舅，人家是粮站工作的，才有那么一个，把我看得稀奇的，我们普通人家也没有。"

对有收音机的家庭来说，广播媒介的作用与意义甚大，据被访者 D 回忆，在他十几岁，也就是 20 世纪 90 年代后期，听收音机是主要日常娱乐之一。收音机中播放新闻联播、流行歌曲，还有耕种、施肥等农业科普节目。而更为关键的在于，收音机中读书节目播出的如《平凡的世界》《穆斯林的葬礼》等，他都"听着入迷"。这段经历对他文学素养的形成影响甚大。

2. 电视主导的家庭娱乐文化生活持续近20年

D村在1992年11月逐步开始通电,通电后,村民才有条件使用电视机。D村的第一台电视也出现在20世纪90年代初,通电之后的近20年间,电视节目成为D村村民文化娱乐生活的主体。被访者A回忆,电视拿到家后,自架电线,观看了人生第一部电视剧《三国演义》。时至今日,电视中演员的动作、神态都历历在目。之后,电视连续剧、综艺节目等形式极大地丰富了村民的精神文化生活。WHM说:"看电视剧,还看《星光大道》,以前看得认真,每周都不忘。"如今,随着手机的普及,农民家庭围坐在一起看电视的情况非常少,客厅不再是主要的聚集场所,家庭被手机分割为多个信息场域。

(六)手机视频驱动下的文化参与和生产

近十年,手机在D村逐渐普及,智能手机与移动互联网的结合,使手机突破通信工具的功能意义,伴随村民日常生活的方方面面,占用了村民大部分的空余时间。可以说,手机及其内容决定着农民群体的精神文化生活。微信朋友圈的出现,为村民提供了一种表达自我的渠道,他们在"观看"别人生活的同时,也传播自己认为有意义的内容。

如今,农民群体从文化内容的接受者转化为内容的生产者。在访谈中,GJQ提到自己拍摄火山小视频赚了100多元,主要内容是农村生活以及身边出现的新鲜事物。他认为,拍摄的视频要"制作精良",内容要"有意义",同时也鄙视拍摄内容不够精良的其他拍摄者。除资金收入外,GJQ拍摄的小视频获赞较多,最高纪录为6000。这种精神满足存在于移动媒介之中,且以生产为主要方式。在以往的媒介形态下,观看者仅为"受众",相对被动,是对已有的内容进行观看、审美,将外界内容不断内化的过程。而手机能够满足农民群体向外表达的欲求。

表3-3为村民使用手机 App 的情况汇总。整体来看，快手与微信的覆盖率最高，其次是拼多多，还有 4 位村民使用视频 App，观看电视剧。

表3-3　　　　　　　被访村民使用的手机 App 汇总

编码	出生年份	性别	手机 APP				
			购物	社交	娱乐	资讯	视频
GJQ	1965	男	/	微信	快手 火山	今日头条	/
WHM	1963	女	拼多多	微信	快手	/	/
GJH	1962	男	拼多多	微信	快手	今日头条 学习强国	/
LSM	1975	女	拼多多	微信	快手	/	/
HX	1988	女	拼多多 淘宝	微信	快手 抖音 火山	/	/
WCY	1964	男	拼多多 淘宝	微信	快手 全民 K 歌	/	/
YJP	1969	女	拼多多	微信	快手	/	/
WN	1992	女	淘宝 拼多多	微信	快手 抖音	/	爱奇艺
GH	1991	男	拼多多 淘宝	微信	快手 抖音	今日头条	搜狐
GJZ	1963	男	/	微信	快手	/	/
MHX	1985	女	拼多多 淘宝	微信	快手 抖音	/	爱奇艺
ZYW	1987	女	拼多多 淘宝	微信	快手 抖音	/	爱奇艺
GXY	2006	女	/	/	/	/	/
WHP	1969	女	/	微信	/	/	/
WX	1968	男	/	微信	快手	/	/

二　地方信仰与精神寄托

庙宇,在村民的价值观念与精神生活中发挥着极其重要的作用。D村的庙宇在离村不远的山上,山的名称大概为"阳坡川西山",也被村民称为"凤凰山"或"庙山"。附近的村民称该庙为黑爷庙,里面供奉着黑爷(在被访者D的文章中称其正式名号为黑池龙王,有可能是晋代神医,也可能是唐代大将,具体不可考),还有山神爷和土地爷。据村里的老者回忆,此庙的历史可上溯到北宋时期,相传是龙王的暂停之所,加上地理位置依山傍水的独特性,庙宇在村民心中具有神秘色彩。这种神秘也带给村民庄严与敬畏之感,是D村世代男女老少的精神寄托之所。被访者B回忆,在村里生活条件差且医疗技术不发达时期,村里人生病了就会到村庙求平安,以"过劫"。但用现代社会的标准考量,这种行为并无实际作用,还会延误病情。上庙求平安是村民在艰苦生活中的心理慰藉。随着医疗水平的提高,农村合作医疗政策的推进,村民看病成本降低,生病了就去医院买药,不再将希望寄托于庙宇中的神仙。现在,虽去庙里求平安的村民明显减少,但村民对黑爷的敬畏依然存在。

庙宇文化影响着农民的生活。D村一带的庙宇是以道家思想为核心的,村民在心理上对神仙的敬畏与信服,使得道家文化的和谐、忍让、向善根植于村民的行为准则之中,也是当代村民弃恶扬善价值选择的影响因素之一。"文革"期间,此庙受到严重破坏,重建工作从20世纪80年代开始,但包产到户后村民忙于生产,进展不大。2000年后,村里人的生活水平逐步提高,由村中贤者牵头,"有钱出钱,有力出力",着力修缮庙宇。如今,村庙已修缮完毕。每月的初一或十五,或某神像圣诞之时,村民会在庙宇周围聚集起来,上香祷告,过年或庙会的

"耍社火""唱大戏"等活动满足了村民的精神文化需求。值得注意的是，庙宇除村民精神慰藉的功能之外，庙宇旁边还有一排"办公室"，用于处理庙宇相关事务。村庙的修缮与维护过程中，村民之间的互动活动所形成的自制与规则，可以提高村民在现代社会中的处事议事素养。

D村历史上还有一种民俗活动——神戏，也就是民间所说的跳大神，哪家有病人，会请跳大神的人"施法"，以求平安。之所以将其列为村民的精神文化活动，是因为在农村社会，"凑热闹"便是村民精神娱乐的重要体现，是村民平淡生活中的调剂品。所以，在人群聚集的地方，村民大多会跟随之。与去庙宇烧香祷告一样，在医疗条件逐渐发达之后，这一活动也逐渐减少。随着村民思想水平的提高，精神文化生活也是一个不断"去愚昧"的过程。

三 崇文精神主导下的文化审美与消费

书法，是D村文化审美与消费的重要对象，很多家庭的"堂屋"中心悬挂着书法作品，即便生活方式改变，书法作品仍然是中堂设置的重要元素，这在一定程度上象征着家庭文化传承。书法作品在D村有着特殊的意义。

首先，以书法作品为媒介，为村民社交与文化品鉴提供了基本素材。书法作品不仅是装饰，更是部分村民间交流的话题。讨论书法作品的出处及品质，是这部分村民重要的文化审美活动。若有村民盖成新房，悬挂于中堂的书法也能引来其他村民的一番品鉴。

其次，书法作品的收藏不仅体现了个人的爱好与家庭的文化素养，也是村民面子的象征。若能对书法作品点评三言五语，可以增加村民的自豪感。家中若悬挂"有来头"之作，对家庭环境会有较大提升。走访的农民家庭中，WX 没读过书，不识字，但中堂也有书法作品。

最后，书法作品是部分村民的文化消费对象。村民不仅重视书法作品的文化价值，也承认其经济价值。购买和收藏书法作品成为他们的一种文化消费行为，显示出他们愿意为文化产品付费的态度和消费能力。LYS 说："我喜欢看字画，这个主要是关注哪个画家，咱就在百度上查一下，看看是不是有名的，有名的画有水平，还看哪个美术学院毕业的，省协会或者哪个协会的，有些人肯定就查不到，画就不值钱了。像我叔叔一幅画要 2000 元呢，去年还是前年搞了个书画展，我买了四幅画 8000 元，还有一幅牡丹 2000 元，人家说你不如让叔叔送一幅，你还买呢？我说送是送的，买是买的，我就是喜欢，人家就是这个价，你喜欢我的东西你必须付钱，我喜欢人家的画我也必须付钱，想得到啥东西就必须付钱，有钱了这个东西就有价值，消费就是这样，有钱的就喝红酒没钱就喝矿泉水。"LYS 开设村中超市，家境殷实，这种消费在 D 村属于个例。D 村其他村民也会有书法等文化消费，从包村干部 WXA 了解到，D 村家中藏有书法大家作品的不在少数。当然，这种大家是指在书法协会的本村或邻村写书法较好的村民。被访者 D 说："村民们评价春节对联上面的字，若家中已有高中生，但对联上的字写得太差，就会被周围村民笑话。"

对书法与字画的消费与审美，体现着 D 村村民"崇文"的精神追求与价值观念。此外，前文中也提到，村里"读书人"的地位较高，村民会羡慕别人家中培养了学习好的学生，这是对一个中年人成功与否的重要评判标准。

四 教育消费主导下的生活方式转变

D 村村民重视教育,究其原因,主要有以下几个方面:首先,D 村的自然条件有限,耕地资源差,村民生活水平低,改善生活水平的欲望强烈;其次,物资欠缺,无发展商业的先天条件,所以读书是摆脱贫困,改善生活水平的首要选择;最后,也是非常重要的一点,上文中也提到,D 村自古"崇文重教",对读书人的崇敬由来已久,自然在教育子女时将读书作为重要标准。与村民的交往中不难发现,村民普遍对读书人"高看一眼"。村支书向村民介绍笔者博士生身份与学术调研目的,一定程度上降低了村民的心理防御机制,这也是调研后期能与村民深度融合,使得研究顺利开展的重要原因之一。GJQ 说:"村里谁家考上了个大学生,那简直都可以昂起头走路了,别人见了也高看一眼,说是谁家买了一辆车,说不好听的,不就是一堆烂铁么,那有啥稀奇的,谁家孩子考上了研究生,更是扬眉吐气。"教育是 D 村社会规范的隐形基准,在经济较为宽裕的现在,教育支出的比例不断增加,村民都以培养大学生为首要任务。ZYW 给两个女儿在县城报名了舞蹈班,学费总共 2400 元。她说:"每年花多少钱我没算过,大部分还是花在孩子身上了。"HX 说:"最让我开心的事情就是女儿上学考了第一名。"HX 常居住在镇中学校附近的出租屋里,虽然条件艰苦,但墙上的奖状是向我们津津乐道的"巨大资产"。

D 村村民的生活方式以孩子教育为中心,孩子所处的教育阶段决定了家庭成员的职业、居所与相处方式。村民的生活条件虽然艰苦,但如果有孩子需要上学,夫妻中的一方会放弃打工,回到村里陪伴孩子读书。据包村干部 WXA 说:"很少有把孩子丢给老人,自己在外打工的,孩子到了读书的时候,都要回来陪读。"特别是家中有读高中的学生,父母会陪孩子到 H 县租房陪读,也有部分家庭,认为乡里的小学教育水平有限,从孩子读小学时就到 H 县租房子。"流动陪读"是 D 村大部分家庭的状态。所以,教育决定了村民的生活方式。包村干部 WXA 也提到:"整体来看,村民消费主要集中在教育与医疗方面,随着国家农村医疗政策的实施,教育现已成为首要支出。"被访者 C 回忆说:"以前的农村生活,学校就在家附近,孩子就近读书,男的外出打工,挣钱可以存下来,女的种地,供自家吃喝,生活有了保障。现在都到城里读书,挣的钱都用来生活开支和租房子,地荒了,也没有存款了。"这体现出农村在现代化发展中的某些问题,还有待进一步研究。

五 "重礼不重金"的礼俗消费与节日消费

礼尚往来是中国社会人际交往观念,而 D 村重礼,是重在礼的程序与实施过程中的心意,并不重礼金的多寡。在婚丧嫁娶方面,娶媳妇的彩礼多在 6 万元以内。6 万元也是村民普遍能接受的彩礼价格,并未出现"天价彩礼"的现象。乡亲之间的礼金一般为 50—100 元。亲戚的礼金比乡亲朋友多一倍。包产到户前,D 村的礼金是 5 角,20 世纪 80 年代涨到 2 元,90 年代涨到 5 元,90 年代后期涨到 10 元,后来涨到 20 元,近十年是 50 元。在问到村民人情礼往有没有给自己造成经济负担时,村民普遍表示没有。宴请的主人用于招待亲戚的一桌饭约 450 元,酒和烟的消费为 50—100 元,加上礼仪乐队等支出,基本可以达到"收支平衡"。礼仪程序,是村民们真正用心之处。近几年,具体仪式虽有简化,但每当有婚丧嫁娶等大事,村民之间相互协作的风气一直在传承。在调研期间,笔者参与了 1 号家庭儿子的婚礼,体验了村里的"流水席"。整体来看,除了举办场所是自家大院搭帐篷,较为简陋,亲戚朋友需分批就餐,具体程序已与城市中的婚宴无太大差别。有专门包席的团队提供从物品采买到熟菜上桌的一条龙服务,减轻了户主负担,且菜品多样,这种模式已在 D 村普及。约 10 年之前,村民生活水平较低,在礼宴请宾客时,所用食品为提前做好的蒸碗,非常单一。

在节日消费方面,随着生活水平的提高,日常生活中的物质生活也相对丰富,村民置办节日货物的积极性已大不如前。以春节为例,问到村民置办年货的情况时,YJP 说:"没啥可准备的,娃们都在外工作,回来时间短,不能准备得太多。"在村里,随机问到 4 位年轻妇女有没有给小孩准备新衣服时,都表示没有,原因是平日里穿新衣服机会多,并不需要为过年重新购买。

村民之间的人情礼往体现在婚丧嫁娶等大事,也体现在平常生病住院等事中。在人情礼往的物品购买方面,村民生活水平较低时,购买礼品不想花钱,但为了形式上看得过去,有到村口超市专门购买便宜的"假货"或山寨产品的现象。而近几年,村民的食品安全意识与生活品质有所提升,已无此现象。在调研中,2 号家庭 MHX 的丈夫做了心脏搭桥手术,有熟悉的乡亲登门看望,手中所提物品大多为一箱牛奶,也有个别村民提了几盒鸡蛋,花费均在 40—60 元。

第三节 农村社会的媒介环境与信息互动

进入农村社会的实际环境中,探究何为村民交流的"媒介",应该从村民实际生活出发。本研究认为,在村民日常生活实践中,"媒介"并不局限在技术为主导的具体形式中,承担农村社会媒介功能的载体从物到人再到信息场域,渗透于村民生活与交流的方方面面。本节内容从 D 村民的实际交往中关照媒介的具体形式,并从历史发展的角度进行梳理。

一 关键人——农村社会的媒介

关键人,是指在农村社会中起到观念引领作用的个体,这里的关键人区别于传播学中的概念——"意见领袖"。因为在农村社会中,关键人的引领作用并不一定指言语信息对普通村民的影响,更多地是指关键人在为人处世过程中所形成的隐形规范,根植于村民的集体价值观念中。在大众传播工具未普及农村时,农村社会的传播方式依赖于地理因素与人际关系。D 村深居西北内陆,且在山区之中,与外界沟通的难度大,信息环境相对闭塞。长期以来,村民的信息传递与交流意义的达成,主要依靠人际传播,在传播环境的形成过程中,货郎等外来者、村干部、村教师、能人贤者起到较大作用。

(一) 技术人员等"外来者"的社会媒介功能

1. 货郎

在物质贫乏时期,家家户户的生活资料都比较短缺,加上交通不便利,在中华人民共和国成立后的很长一段时间,"货郎"在村民的物质消费中起到了重要作用,基于商品的流通与销售,货郎的媒介功能主要体现在以下几个方面。

首先,货郎不仅带来生活必需品,还提供了"小人书",也就是连环画。这在印刷媒介物匮乏的时代,促进了文化商品的流通,满足了农民的阅读需求。不少村民都有用鸡蛋换小人书的记忆,换取的"小人书"还在村民之间广为流传,成为村民获取文化信息和生活娱乐的重要途径。

其次,货郎的出现总能将村民聚集,村里一时间热闹起来。在平淡的日常生活中,只要出现一点"变化",总能引起村民的关注。对于农村妇女来说,货郎带来的"小镜子""花布"等新鲜事物,不仅能丰富她们的生活,还促进了审美意识的觉醒与提升。货郎带来的商品在当时的农村是稀缺的,由货郎形成的临时媒介场域,增加了村民的社交互动。

最后,货郎还具有传递信息的功能。货郎不仅是商品的传播者,也是信息的传递者。行走各处的货郎有"道听"与"途说"的天然优势,为 D 村农民带来各处的"消息"。被访者 A 说:"解放前,大概是 1946 年,红军还没来,T 县那边的货郎说马上红军就要来了,红军不抢人、不打人,好得很,没过两年,红军就真的过来了。"这说明货郎在村民信息交流中扮演着重要角色,是农民了解外界信息的重要渠道。

综上所述,货郎不仅仅是商品的贩卖者,他们在满足村民物质需求的同时,更促进了信息传播和文化交流,提高了村民的文化素养。

2. 技术人员

提高农业技术水平是提升生产效率的重要途径,让村民适时学习农业生产技术,其重要性不言而喻。政府派遣的技术人员作为信息媒介,帮助村民接触和掌握先进的生产技术。这些技术人员不仅促进了技术信息传播,还通过面对面的指导和示范,直接提升了村民的生产方式和技术应用水平。例如,在地膜技术的推广使用中,政府派遣技术人员到村里,讲解地膜的益处和使用方法。在饲养安格斯牛的项目中,从饲料配比到防疫措施,技术人员提供了全方位的技术支持,确保村民能够高质量饲养安格斯牛。技术人员定期走访农户,帮助村民解决饲养过程中的各种问题。这些技术人员不仅传递了重要的技术信息,还通过与村民的互动,增强了他们对新技术的接受度,提升了他们的生产信心。

此外，技术人员还在农业技术培训班和示范田建设中发挥了重要作用。技术人员通过系统的培训和现场指导，手把手传授村民最新的农业技术，并在示范田中进行实际操作，帮助村民在实践中消化吸收所学知识。这种技术推广模式在提高生产效率、保障农产品质量和促进农村可持续发展方面具有重要意义。

（二）村干部、村校教师——双重身份的意见领袖

村干部对一个村落的发展起到至关重要的作用。村干部的关键作用集中体现在其媒介功能的发挥。首先，村干部是国家政策落实的关键环节，也是政府与村民沟通的重要桥梁。在大众媒介出现之前，国家政策主要靠村支书、村主任等人的口头传达。其次，在新政策与新事物的普及与推广中，村支书与村主任的"农民身份"至关重要。有任何新的技术与项目，村干部在力所能及范围内都要起到带头示范作用。

在日常生活中，村干部除了管理村中事务，家中耕地也不能荒废。双重身份使他们在村中具有更高的权威性和可信度。近几年，国家逐步提高村干部的福利待遇，其"公家人"的身份得到进一步承认。D村的发展中，已经退休的曾任村支书非常关键，在H县政府官方网站中查阅到：以村支书GJZ为带头人的村领导班子，为提高全村群众的生活水平，转变观念，解放思想，围绕"田、电、水、草、林、羊"扶贫开发做文章，取得了显著的经济效益和社会效益。访谈中也有村民提到前村支书在D村发展中的作用。现任村支书的工作也一定程度上决定着村中的发展，有资料称"依托脱贫产业园，党支部书记GJH率先垂范，成立D村JH种植养殖农民专业合作社，152户从事肉牛、肉羊、肉驴等养殖，79户从事百合、晚熟西瓜、中药材等种植"。由此可以看出，村支书的观念与意识水平一定程度上

决定了农村的发展方向。

与村干部相同，村教师也具有农民与教师的双重身份，在农村教育发展中起到至关重要的作用。D村自古崇文且尊师重教，村里人认为，村教师文化水平高，认识问题全面，是村中的"能人"。被访者C是村学校的校长，现已退休。因其学识较高，且为人和善，受到村里人的普遍尊重。所以，村教师不仅是知识的传播者，更是村中积极价值观念的引领者。

综上所述，村干部和教师在政策落实、示范带头、文化传播和村庄发展等方面的具体实践，突出他们作为关键媒介的重要功能。他们不仅在村民心中有较高地位，对村庄的发展也产生了深远的影响。

（三）能人贤者在秩序与礼仪层面的媒介作用

之所以将能人贤者作为农村社会的重要媒介，是因为在农村社会规范的建立中，能人贤者的作用极大，尤其在礼仪与秩序的传播方面。在D村，如果村里有老人过世，首先需要做的事是请来四里八乡被认为是贤者的"管事"，主持老人下葬的各种事宜。管事不仅在礼仪程序上有丰富的经验，还具备较高的社会声望和道德素养，能够调动家族人员的积极性，确保丧葬过程井然有序，庄重肃穆。D村的丧葬之事已形成固定秩序，体现着互帮互助的村风。村民还自发成立"处事团"，听任管事的安排。在丧葬礼仪的实施过程中，管事不仅负责主持仪式，还需要协调各方关系，处理应对各种状况，确保仪式顺利进行。

早期，被访者C的父亲M老先生是村民都信服的贤者，若村民家中有矛盾，或村民之间发生了冲突，必要时，会上门邀请M先生出面"说和"。M老先生德高望重的形象一出现，涉事村民均会考虑情面，事情一般会得以平息。在村民遇到问题时，能人贤者帮助他们通过内部协商解决，而不是诉诸外部力量或任由冲突发展下去。这不仅维护了村庄的稳定,也培养了村民的自治意识。

二　空间媒介——村民信息场域的建构

(一) 人际沟通场域——农村相对稳定的媒介环境

在农村社会,三五村民聚集聊天的场景广泛存在于日常生活中,此类场域是村民获取信息的重要来源。这一场域虽然是不固定的,但却是村民信息环境的重要构成。相较于城市,在农村环境生活的人们,其生活轨迹也基本一致,生活方式大都相同,获取信息的途径基本一致,所形成的价值观念也相对稳定。

大众媒介传递的信息通常都需要现实聊天场域的调节,这是村民价值选择的过程,这也使得农村的价值观念相对稳定。电视这一现代传播技术的介入,使得村民获取外界信息的门槛降低,但村民对于信息选择的标准趋于一致,收看偏好趋于一致。在访谈中了解到,大部分村民更喜欢看中央电视台,所收看的内容相同,电视中的内容如电视剧所涉及的家庭伦理问题,一般都会引起村民的讨论。在相聚聊天中,村民之间又将不同信息和观点进行调和,以达成相对一致的认知与价值观念。约翰·杜威提到,"在共同 (common)、社区 (community) 和传播 (communication) 这三个词之间,有一种比字面更重要的联系,人们由于拥有共同的事物生活在一个社区里,传播是他们借此拥有共同事物的方法"。村里的男性聊天,不仅沟通家中种植养殖情况,也发表对某人某事的看法。对村里的女性来说,串门、聊天是日常最主要的休闲活动,三五农妇聚集,边缝纫、择菜,边讨论村里最近发生的事情,以此维系自己的朋友圈。

新的技术媒介对人际沟通场域有一定的冲击作用。2005 年前后，D 村陆续有了移动电话，通信技术的普及，拓展了村民的交流空间。近几年，智能手机将个体这一信息场域不断加强，村民聚集聊天的场景较之前大幅减少，群体沟通减少，农村的人际交往场域正在发生变化。GJQ 说:"现在人们也不爱凑到一起说话，以前人们说真话，能聊到一起，也聊得开心，现在人们都不说真话了，没啥意思。"

(二) 庙宇、市集、仪式——媒介场域的教化与反哺

与聊天场域的媒介意义相同，村庙、风俗活动与节日仪式也具备信息传播功能，影响着村民信息选择、事物共享与意义评价。这些场域不仅是村民聚集和交流的地方，更是文化传承和社会教化的重要媒介。

1. 村庙的教化功能

村庙是村民集体敬畏之源。随着时代的变迁，村民在村庙的具体活动虽然有所不同，但以村庙为基础的文化价值与共享意义得到了传承。村庙何以成为一种媒介? 首先，庙宇是一种载体，将传统信仰具象化于庙宇符号，如神像、钟、香炉等，这些都发挥了媒介的功能，具有文化内容代际传递的价值。更进一步的，这些符号通过"神"的象征意义传递神秘和神圣之感，以"黑爷"这一符号为基础构建了村民的集体敬畏。村庙作为符号的集合，其媒介属性与"黑爷"的媒介生产逻辑相同，共同建构起了民间信仰体系。所以，黑爷与村庙既是传播的信息内容，更是将人们的意识形态勾连在一起的媒介装置。

通过庙会和祭祀活动，黑爷庙不仅是信仰的中心，也成为村民交流和分享信息的重要场所。在庙会期间，村民们聚集在一起，交流各自的生活和生产情况，讨论家庭和村庄事务，也促进了信息的传播和共享。从 D 村整体的媒介环境来讲，村庙的信息传播与共享功能在一定程度上还强于以电视为代表的技术媒介等。

2. 市集的媒介作用

市集与庙宇在村民的信息传播层面有"异曲同工"之处，市集本身是一个庞大的信息共享场域，是村民接受与传播信息的"信息集散地"。在市集上，村民们可以了解到各种新鲜事物和商品信息，比如有什么东西便宜，有哪些新的农产品或手工艺品等。这些信息的流通，不仅满足了村民日常生活的需求，也使得市集成为村民聚集和交流的重要场所。市集的热闹场景吸引了大量村民的参与，使其不仅成为商品交易的中心，也成为文化交流和信息传播"中心"。

3. 风俗与仪式的传承与教化功能

在农村社会的运行与发展中，有相对稳定的风俗习惯，这是村民集体归属感的主要来源，同一地域的人，基于风俗活动本身形成的信息传递，达成对人与自然的共识。所以，风俗是变化的、隐形的媒介，传承着村民的习惯。例如，传统的婚丧嫁娶、节庆仪式等活动，都是村民集体参与的重要事件。在这些事件中，村民们不仅传承了祖辈的文化和传统，还通过参与和互动，强化了他们之间的社会关系和情感依赖。

节日仪式与风俗相通，在连接村民、建构其生活共识方面起到至关重要的作用。通过节日仪式，村民们可以表达对祖先和神灵的敬畏，祈求来年的丰收和幸福。同时，节日仪式也为村民提供了一个重要的社交平台，使得村民之间的关系更加紧密，村庄的社会结构更加稳固。

（三）公路——决定信息传播效率与观念形成

农村社会的媒介环境，一定程度上取决于其所处的地理位置。村民普遍认为，村庄要想发展，修建公路至关重要。所谓"要想富，先修路"是在经济层面强调了沟通的重要性。实际上，公路在信息沟通层面也有其重要意义，其往往决定了村民之间信息共享的程度和与外界沟通的效率。

有学者认为，"路"作为人类传播活动中最为古老的"媒介"，其根本的隐喻就是"通"①。基于 D 村的媒介实践，将公路作为农村社会的媒介，体现在以下几个方面。首先，从村民所处的环境来看，公路决定了村民与外界的沟通，尤其在大众媒介进入 D 村之前。道路从关系、意识、意义等多个层面影响着村民的思想与行为。对与 D 村邻近的几个村庄进行比较，D 村紧邻 312 国道，而 L 村与 X 村在山上。2014 年之前，山路崎岖且狭窄，如遇雨雪等情况，交通极为不便，村民难以出行。D 村村民从思想观念、行为意识方面明显先进于周围其他村的村民。D 村外出打工村民多，商业环境也较发达，被访者 B 说："（D 村）出入方便些，人的思维活泛些。"其次，道路塑造着村民之间的关系脉络，影响村民之间的交流。LYS 说："（修路之前）我把你拉上走的路全是土路，雨天你一进去就不得出来了，娃娃们书都念不成。"道路扶贫是精准扶贫的重要举措之一，随着国家扶贫政策的实施，如今整个 D 村已实现全村道路硬化。据相关资料记载，从 2014 年到 2019 年，村里共落实硬化道路项目 4 条，总长 18.33 千米，投入资金 734 余万元。道路作为农村的基础设施，对村民之间的交往以及村民对外的交流均有非常重要的意义。

三　技术主导下的媒介产物

（一）印刷媒介——稀缺资源与二次传播

在农村社会，识字多的人较少，但印刷品承担的媒介角色

---

① 郭建斌、王丽娜：《由"路"及"道"：中国传播研究的一种新的可能》，《国际新闻界》2021 年第 11 期。

不容忽视。对识字少的农村人来说，书籍的意义体现在"讲古事"的活动中，识字的讲述人获取书籍，通过阅读转述给大部分村民，触发"一对多"的人际传播活动。在物质贫乏时期，印刷品相对较少，上文提到的"货郎"所卖的"小人书"是其中一种。村里识字的人会想办法找书看，生活条件改善后，个别村民到县城的新华书店购买书籍。20 世纪 90 年代，附近村的一位村民在 D 村开设租书店，名为"三味书屋"，一时间村里租书活动盛行，但由于村民的钱少，将租来的书连夜看完是常有的事。对被访者 A 来说，能接触到《三国演义》《红楼梦》等文学经典，并能烂熟于心，要归功于书屋的开设。之后，越来越多的家庭供孩子在外读书，孩子以从学校图书馆借阅书籍等方式，使得家庭其他成员也接触到更多的知识，形成文化"反哺"。此外，村里很少有人看报纸，被访者 A 说："农业生产合作社中，生产队统一征订报纸，看的人少得很，扫盲班里有时读个报纸。"报纸在村民中的识字功能大于信息传递功能。被访者 D 分享了用报纸糊墙的经历。WHM 说："我们有的报纸都是几年前的，就是用来遮点东西。"所以，在农村报纸用来获取信息的功能相对微弱。

（二）大喇叭——生产队为中心的局域性信息传播

约在 20 世纪 70 年代，农民的生活以生产队为中心展开，为了便于沟通，D 村每家每户都有铁丝连接的简易喇叭。这一媒介从出现到普及约 2—3 年时间，用被访者 A 的说法是："普及得迟、消失得快。"作为一种传播媒介，大喇叭的形式简易，是生产队内部信息传递的工具。据村民回忆，大喇叭里时常播放新闻与国家政策。而在被访者 B 回忆里，大喇叭中也播放歌曲，如《社会主义好》《我们走在大路上》。生产队长通过大喇叭安排工作，通报公粮任务。这是村民最早接触的"广播"，传播信息也仅限于一个生产队的有限区域。直到包产到户,村民以家庭为单位各自生产,大喇叭失去了存在必要性,后来逐渐消失。

(三)广播、电视——从深度使用到日渐闲置

广播、电视等大众媒介的出现,为村民的精神文化生活注入了新鲜血液。据村民回忆,在广播出现之前,约20世纪70年代,村里只有一个粮站工作的人有收音机,对村民来说是不可多得的"新鲜事物"。到80年代,收音机在D村才慢慢普及,但因为信号与转播的关系,一天之中只能收听两个时段,收听内容有限。

电视是D村村民接触的真正意义上的大众传播媒介,不仅持续时间长,而且影响范围大,是D村向现代化转型的重要驱动因素。也正是因为电视这一大众媒介的影响,村民的思想观念与价值体系也逐渐开放,开始真正"看世界"。

在D村,围绕电视机的兴起有很多有趣的故事,每提到电视机,村民便有很多回忆可以分享。D村的第一台电视机出现在1号家庭。1993年,GJQ城里的亲戚赠予其一台12寸黑白电视机,电视的出现引起了村民的围观,而GJQ家也就此成为村民饭后聚集的场所。在GJQ儿子的记忆中,虽对当时的电视节目已无印象,但对自家有电视机的自豪感仍记忆犹新。电视的观看体验局限于电视的播放质量,能观看的频道虽然很少,但人们茶余饭后讨论的问题均围绕电视节目的内容展开,电视连续剧给村民带来了极大的满足。进入90年代后期,家家户户都买了电视。近2000年,村民将黑白电视更新换代成彩色电视。电视打开了D村民向外看世界的"窗户",拓宽了村民的眼界。

村民普遍认为中央电视台的节目质量高,可信度也高,是这一时期村民获取信息最主要的来源。GH说:"大人们都喜欢中央电视台,说电视剧也好。"还有村民喜欢看与自己的日常生

活紧密关联的农业频道,其中关于种植和养殖技巧的内容,提高了农民的种植养殖技术。在深度接触的9个家庭中,1号、2号、5号、6号、7号、8号家庭都有2台电视,一台是传统电视,另一台是随着生活水平的提高,补充购买的液晶电视。其中有3家的液晶电视有联网功能。在对目标家庭的参与观察中,仅在5号家庭观察到1次打开电视的行为。访谈中问及被访者看电视的情况,除了LSM说偶尔看电视连续剧,其他被访者均表示"好久不看了"。

（四）移动媒介——农民掌握信息传播的主动权

1. 电脑上网的过渡阶段

D村约2012年通网,只有个别家庭通过固定电话连接中国电信网络,可以通过电脑上网。整理相关资料,仅有4户村民有使用电脑上网的经历。电脑并未成为村民上网的工具,主要是因为电脑上网门槛较高,大多村民的识字量少,更不会使用电脑。还有一个原因是当时的网费较贵,刚开始网费约每个月98元,这对村民来说是一笔不小的开支。被访者A是村里为数不多使用电脑上网的人。他的儿子在L市读大学,将用旧的电脑拿回村里,并配备了手写板,他开始使用电脑上网。提到这一段经历,他说:"(会使用电脑)优越感强烈着呢!之前我上卫生院去,就有个电脑开着,我就好奇这上头装了啥东西啊,就在那里看,那些大夫都看见了,还说这个老汉还会玩电脑呢,我就觉得美得很。"电脑上网也打开了村民认识世界的新大门,对大部分村民来说,虽没有实际上网的行动,但开启了村民对互联网的基本观念。

2. 手机已成为村民的主要媒介工具

当前,智能手机在D村已经成为主要的媒介工具,不仅促进了信息的传播和获取,也加强了村民之间的联系,对村民精神生活质量的提升具有重要作用。

约从 2015 年开始，村民逐渐将老式手机更换为智能手机。智能手机改变着村民的生活方式，让他们从以往被动接收信息转变为主动接触信息。除手机设备的更新外，通网也是村民使用手机的前提条件。2015 年，中国移动无线网络通入 D 村，收费形式为绑定三个手机号，每月最低消费话费 68 元，持续使用 12 个月，12 个月之后，村民无须再交网费。这与国家农村通网的扶贫政策相关，提到这里，不少村民称赞政策之好。此外，中国移动在 D 村安排专人解决村民上网遇到的问题，村民打电话请求维修，技术人员随叫随到。如今，村民闲暇时间大多用在手机上网。村民的现实交往也在减少，以往需要见面才能完成的事情，现在可以选择微信等方式达成。村民以往碍于情面不得不去的"走亲访友"频率在变低，由此类交往活动拓展的新关系减少。同村人"见面三分熟，有事好商量"的观念也在淡化。LSM 的娘家在离 D 村不远的 T 县，每年回娘家的频率为 3—4 次。有微信后，和娘家人的联络频率变高，LSM 说："晚上吃完饭后，就看看微信，就跟儿子聊聊天，跟姐妹聊聊天，还有跟妈妈聊聊天。"在 1 号家庭实施观察时，WHM 与其妹妹视频通话约 8 分钟，与其嫂子进行视频通话约 4 分钟，视频通话时 WHM 正在蒸馒头，边做饭边聊天。

3. 快手——手机媒介消费的主要内容

在访谈中，村民多提到快手 App，已经成为农民群体手机里重要的应用程序，占用了农民闲暇娱乐的大部分时间。观察村民的快手使用习惯，对他们观看的内容作分析，总结出村民喜欢快手的原因如下。首先，基于算法的内容推送，村民在手机上可以看到自己感兴趣的内容，形成了自己的"喜好群"，还形成了基于兴趣的"社交圈"。村民普遍喜爱秦腔，通过快手，村民不仅可以看到同乡人唱秦腔，还可以看到国家级演员唱秦腔。在对秦腔欣赏的活动中，与网友点赞互动，建立了"虚拟社交圈"。基于短视频平台人际沟通突破了地理意义的社交范围，交往对象增多。其次，快手中有大量农民群体，已经形成了庞大的农村内容生态圈。通过快手，农民可以看到与自己生活有关的内容，进而获得农村生活与生产的相关经验。最后，快手是农民表达自我的途径，有自我表达需求的村民，看视频的同时也拍摄视频引起网友关注。还有一些农民从事生产并有销售产品需求，通过快手平台拍摄带有广告性质的小视频，让更多人关注以促进销售。

四 时空交织下的媒介场域：集体、家庭、个人

需要注意的是，媒介并没有以单一的形态出现在农民生活中，而是以某种结构形态影响着日常生活，村民以自身为主体决定了以何种方式、以何种程度参与到媒介环境中。村民是媒介互嵌结构的中心，主导着消费场域的建构，而且随着社会变迁具有变化性。梳耙 D 村媒介历史，发现媒介场域与村民精神文化生活的发展流变息息相关，精神文化生活主导着人际关系的建立与维持。D 村的媒介场域经历了从集体到家庭再到个人的三阶段转变，见图 3-1。

第一阶段，村民的交流沟通以集体场域为主，大多是临时性的自建场所，如村里开阔平地上的集市、戏台、社火表演，某人家里的讲古事活动等。兴盛于 20 世纪 80 年代，随着生活水平的提升，村民对集体活动的参与范围与频率也随之提升，以节日居多。

第二阶段，是以家庭为主体的媒介场域，20 世纪 90 年代末，电视进入家庭，在政府补助等政策刺激下，D 村很多家庭修

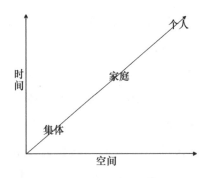

图3-1 农村媒介中心场域变迁

建房屋、添置家电，扩充与整合了原有空间，家庭场域具备更多功能，能容纳更多活动。此阶段村民的精神娱乐活动均以家庭为中心，电视剧将家人吸引到电视周围，家庭DVD的出现为D村唱秦腔的集体性爱好创造了物质条件，娱乐活动从节日性、阶段性转向日常。

第三阶段，互联网与智能终端的普及，村民的主要交流活动以个人场域为中心，即使在人群聚集之处如村口小卖部，人们都玩耍着各自的手机，家庭内部也被划分为多个个人场域。Wellman认为："随着电子产品融入生活，人与人之间的互动方式也发生了改变。他们越来越多地成为个体，而不是嵌在群体中。在个人网络化的世界里，个人才是焦点，而不是家庭，不是工作单位，不是邻居，也不是社会群体。"[①] 村民个体的兴趣与特长得到新的施展平台，精神娱乐在"线上"得到满足。与此同时，随着村民收入来源增多，生产活动减少，村民相互之间需要帮忙的事情变少。传统媒介时代，"捎口信"是村民日常交流中必不可少的内容。远距离关系的人交往，如家中办事等，

---

① Lee Rainie, Barry Wellman, Networked: The New Social Operating System, The MIT Press, Cambridge, Massachusetts London, England, p. 15.

信息以人为载体,以"捎"为传递方式,所以即使没有关系的二人也常能"搭话"。彼时,村民见面亲切、热络,同村人交流较多,如今电话与互联网已几乎全面取代"捎口信"。

从三个阶段的转变可以看出,村民是整合多种媒介形态的中心,在内容生产、社会参与、身份建构的不同层面,改变着媒介结构形态。整体来看,如今的农村人际关系已趋于松散。

第四章

互构共变:媒介视野下的消费重构

上一章内容是对村民日常生活的历史流变作了物质消费、精神消费、媒介环境三个方面的梳理。自本章开始,从媒介与消费关系的角度,挖掘现象背后的原因及其意义。村民交流的媒介场域怎样影响了他们的生活与消费,消费又再生产了怎样的媒介场域,这些问题将在本章得到回应。

第一节　媒介与消费互相建构的作用机制

一　演进过程图解

马林诺夫斯基在《变化中的非洲文化人类学概论中》用三栏分析法研究文化接触。在《江村经济》中,费孝通先生用此方法分析了江村家庭蚕丝业的变迁。三栏图解法把影响变迁的不同力量分为外界力量和承受变化的传统力量,这两种力量的相互作用导致了当下社会情况的变化。① 从自然辩证法的角度来看,事物的变化是内部和外部相互作用的结果,这种解释符合事物发展的一般规律。而在梳理 D 村村民的媒介使用与消费行

---

① 费孝通:《江村经济》,中国社会科学出版社 2012 年版,第 183 页。

为的过程中，外界发展力量，如土地政策的变化、城镇化进程加快等。内部固有的传统力量变化如生活水平、家庭关系、固有价值观念等，此两种力量共同作用于村民的生活形态。为了对媒介与消费的变迁过程有更明确的认识，研究也使用三栏分析法进行梳理阐发，以此作为分析媒介与消费互相建构的基础性内容。

表4-1　　　农村社会环境中消费与媒介活动演进过程图解

	促使变革的外界力量	变化的情况	承受变化的传统力量
消费	1. 国家发展工业的需求，农业集成化经营； 2. 计划经济； 3. 土地政策变革； 4. 国家加大城镇化建设力度，劳动力资源需求高； 5. 国家实施退耕还林政策，村民耕地面积减少，中国市场纳入全球，农产品价格稳定； 6. 高考制度恢复； 7. 国家扶贫政策实施	1. 家庭无收入，食物短缺； 2. 文化娱乐活动无须物质基础，以聚集性为主； 3. 物质需求扩大，生活资料以自给自足为主，农闲时期娱乐需求高涨； 4. 收入提高，消费品类增多，空闲时间渐趋减少，娱乐活动回归家庭； 5. 农村家庭外出打工趋于常态，家庭流动性增强，生活资料向半自给自足过渡； 6. 教育消费成主要消费； 7. "扶贫款"增加了"收入"，消费短期繁荣，可持续性不足	1. 维持最低日常生活需求； 2. 物质消费品紧缺； 3. 积累生产资料，有一定生产积极性； 4. "走出去"观念萌生，副业增多，提高生活水平意愿强烈； 5. 农民生产积极性减弱，而生活水平提高需求强烈； 6. 崇文重教； 7. 畜牧业得到扶持，无息贷款项目增多

续表

	促使变革的外界力量	变化的情况	承受变化的传统力量
媒介	1. 计划经济; 2. 处于山区且交通不发达,农村社会相对封闭; 3. 生活水平提高,广播与电视渐趋普及; 4. 土地政策变化; 5. 公路修建,交通发达; 6. 手机、互联网渗透于农村环境中	1. 大喇叭与局域信息传播,日常交流在临时场域,讲古事活动频繁; 2. 凑热闹与迷信活动多; 3. 家庭场域的娱乐活动增多; 4. 短暂的大型集成娱乐活动增多; 5. 消费场所拓展至县城; 6. 物质与精神生活在手机媒介达到统一,人际交流突破空间限制	1. 传统文化中对知识分子的崇拜; 2. 闲暇时间多,识字人群少; 3. 接受外界观念,视野开阔; 4. 生产积极性提高,空闲时间少; 5. 村民的可活动范围变化; 6. 村民的信息交流环境发生变化

二　互构关系分析

在社会学的理论范畴内,"互构"是一个重要的概念,用以描述多个主体、结构或过程之间相互影响、相互建构和共同发展的动态关系。研究以农村社会发展变迁为背景,从以村民为主体的视角来看,媒介与消费之间便存在相互影响与相互建构的关系,这对关系在历史演进的过程中,不断产生链接。从社会活动的意义上看,消费是个体与社会产生互动的一种行为。消费活动不仅是社会活动的重要构成,也在一定程度上形塑着社会结构。媒介是嵌入社会环境的技术主体,对社会行动产生影响,但媒介不仅仅是技术工具。从媒介环境学派的观点来看,媒介从来不是单一的历史主体。媒介作为人类沟通交流的载体,其本身居于社会的重要位置,与社会环境相互关联。

邱泽奇等人在对技术与组织的考察中,将"互构"作为一种理论模型与学术概念，透视技术发展变迁对社会结构的影响。[1] 郑杭生和杨敏基于社会学基础理论并结合中国社会实践提出"社会互构共变理论"[2]，认为互构共变是关于当代中国个人与社会的行动关联和关系形态的基本取向，及其在社会的经济、政治、文化和生活的领域所展现的个人意识、行为方式和生活样式等经验形式。现代社会是多元主体行动关联、互为主体和客体的互构协变过程。从表4－1中不难看出，在农村社会的媒介形态与消费活动的不断演进过程中，社会政治经济环境塑造着也制约着媒介与消费活动，人作为社会活动中具备能动性的主体，在生产生活中将媒介与消费连接起来。

　　人不断被社会环境所改变，这种变化在社会活动中产生。媒介使用与消费行为是人类社会生活中的两种重要活动，它们在社会实践中相互关联，并且相互建构。

　　如图4－1所示，在媒介的概念中，涵盖着信息内容、接触方式、交流与互动关系、交流场域与意识形态。在消费的概念中，涵盖着人的消费内容、消费方式、消费活动、消费环境与消费理念，且在互动中相互影响并产生变化。进一步看，这是从人的思想活动到行为层面再返回到思想活动的过程。消费行为学中将这种阐释路径表达为"认知—行为—观念"。在本研究中，在媒介论域扩展至空间的认识基础上，消费活动场域与媒介场域在人的行动层面达到统一。消费空间发挥着媒介的功能，网络空间更将两者整合为一。以此，可以将这种互动关系理解为"媒介—观念—行为—概念—媒介"的闭环路径，并呈螺旋

---

　　① 邱泽奇:《技术与组织的互构——以信息技术在制造企业的应用为例》，《社会学研究》2005 年第 2 期。

　　② 郑杭生、杨敏:《社会互构论:世界眼光下的中国特色社会理论新探索——当代中国个人与社会关系研究》，中国人民大学出版社 2010 年版，第 526 页。

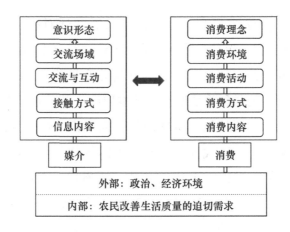

图 4 - 1 互构关系

上升的态势。将媒介与消费看作是互相建构且促发变革的关系，关系的形成与发展是在多元环境中进行的，这一多元环境涵盖了人、社会以及连接人与社会的各种介质，同时受到包括政治、经济、制度、地域环境等影响，这也是图 4 - 1 中将内部与外部影响因素作为媒介与消费互构关系基础的原因所在。

三 互构共变的驱动力

从中华人民共和国成立至今日，农村的社会环境与农民的日常生活发生了翻天覆地的变化，这种变化是内部力量与外部力量共同驱动的结果。

（一）内在因素驱动

内在因素的驱动。首先是村民需要维持最基本的生存需求，包括食品、衣物、医疗等基本消费，这是农村消费的基本结构。正如被访者 A 多次提到的村民由"吃得饱"到"吃得好"的转变，这一过程在本质上是由村民个体与家庭生活需求的满足与升级驱动的。农村家庭对提高生活质量的渴望，推动了生活消费的升级。其次,积累生产资料的影响。农民为了提高生产能力,往往会优先投资于农业生产资料,如种子、化肥、农业机器等。生产积极性高时,消费主要集中在生产资料的购置与维护。村民要想扩大生产,获得更多可支配收入,首先就是要克制生活资料的消费,生活资料与生产资料形成的矛盾体,影响着村民的消费行为与消费观念。最后,农民群体有向外界流动的欲望。"走出去",远离黄土,并能在大城市安身立命,是很多农民内心的追求。随着社会的发展和城市化进程的推进,越来越多的农民萌生了外出务工或从事副业的想法。与此同时,教育脱贫利好凸显,教育成为农村家庭实现向上流动的重要途径。通过接受教育,农村子女可以获得更好的就业机会,从而提高家庭的经济水平和消费能力。

根据马斯洛的需求层级理论,物质生活的满足会驱动更高级精神需求的产生。农民群体在吃饱穿暖之后,精神生活也变得越来越重要。从精神满足的层面看,驱动村民精神消费的基本条件是闲暇时间。上一章中提到的几种娱乐形式,其参与范围、延续时间都取决于农闲时间。而媒介的变化,从人际交往场域到群体性临时空间的搭建再到大众媒介,也在不断驱动着精神文化消费从内容到形式的变迁。

(二) 外在因素驱动

从外在因素驱动来看,农民群体的消费生活受到国家"三农"政策的深刻影响。对深居西北内陆的农村,自然资源并没有给村民提供发展的先天条件,导致其经济长期羸弱。D 村村民生活水平提升的每一步均有国家政策的扶持,村民根据政策环境逐步调整其安身立命的方式。第一,从整体上看,国家推动工业化进程促进了农业的集成化经营和现代化发展,提升了农业生产效率,增加了农民收入,从而促进了农村消费的增长。

在计划经济时期，国家对农业资源和生产的控制影响了农村的消费结构。这在一定程度上限制了村民的自主消费选择，提供了最基本的生活物资。而土地政策的变革，尤其是家庭联产承包责任制的实施，极大地激发了农民的生产积极性，农民收入增加，从而促进了农村消费的增长和多样化。第二，城镇化进程带来的大量就业机会吸引了许多农村劳动力外出务工，增加了农民的收入，直接提高了消费能力。同时，农村劳动力的外流，为整合土地资源进行集约化生产提供了一定的客观条件。第三，退耕还林政策减少了耕地面积，农民开始寻找其他收入来源，如畜牧业和副业，改变了农村的消费结构。第四，农村学生接受高等教育，增加了他们的就业选择，进而提高了家庭的经济水平和消费能力。第五，国家扶贫政策的实施是影响农民群体非常重要的因素，直接改善了农村的基础设施，金融支持与技术培训等政策，也推动了农村消费的全面提升。

基于外部社会政治经济环境与农民群体自身发展的双轮驱动，西北农村经历了深刻的现代化转型。在这一过程中，媒介与消费作为两条重要且紧密关联的脉络，相互作用并深刻影响着农民群体的日常生活，也重构了农民群体的认知、观念与行为，推动了西北农村社会的全面发展和变革。

第二节　媒介对农村消费的影响

运用媒介的观念来梳理影响村民消费的多元因素，通过对农村媒介使用与消费行为的具体考察，可以发现，农民群体的消费生活融入了各种媒介形态，村民当下的消费行为，是媒介及其内容长期影响累积的结果。

一　激发需求

（一）参照群体变化

如果说，1990 年以前村民的生产与消费满足的是最基本的生存需求，而在这之后，村民都在为自己以及家庭生活水平的提升而不断积累、奋斗，进而获得对消费更多的主动权。从马斯洛五层需求结构看来，低层次需求的满足必然带来更高一级的需求，物质的（低层次需求）富足并不能给人们带来长时间的满足感。[①] 需求的不断升级是村民消费升级的主要动力。需求如何升级，或者说村民的消费需求受到何种因素影响，这是值得进一步探讨的问题。

农民群体消费不断升级的同时，消费需求逐步增加，媒介在其中起到了至关重要的作用。朱丽叶·斯戈在《过度花费的美国人》一书中认为，广告和媒体在消费者参照群体的"拔高"方面发挥了重要作用，人们不再以地理空间的近邻性（比如邻居）来选择消费标准的攀比对象，而是将出现在电视和广告里、收入远在自身之上的人作为参照群体进行消费竞赛。[②] 在农村，大众媒介是村民美好生活想象的来源。随着大众媒介的变迁，村民消费的参照群体也在发生变化。

人是社会性动物，从属于群体，试图取悦他人，并通过观察周围人的行为来获取如何行动的提示，对某些人来说，成为或者融入自己所向往的个人或群体，正是他们进行购买或行动

---

① ［美］亚伯拉罕·马斯洛：《动机与人格》，陈海滨译，江西美术出版社 2021 年版，第 94 页。

② 周晓虹：《中国体验：全球化、社会转型与中国人的社会心态嬗变》，社会科学文献出版社 2017 年版，第 98 页。

的主要动机。① D村村民世代居住于此,所处消费环境相对稳定,这决定了其参照对象相对有限。在早期,村民互相之间作为购物的参照对象,比如对电视等耐用品的消费,村民主要参照周围村民进行消费选择。村中的关键人,如村干部、乡贤等也是重要的参照群体,体现在生产资料的购买方面,但这仅限于在传统媒介时期。参照群体产生重大变化:一是看电视成为日常精神文化活动;二是在互联网普及后,村民的参照群体不再局限于本村村民,也不局限于地理意义上的社群影响,还有来自电视中的角色,互联网人群等。这一点在快手表现得最为明显,村里的WL购买了快手直播推销的在当下流行的剪刀裤,这种裤型在村里的年轻人身上并不多见,WL说:"看着直播里人的身材和我差不多,穿着特别好看,就买了,穿上确实还不错。"

因此,媒介对消费需求的影响集中表现在村民在社会活动过程中,与参照对象消费的趋同。在日常交流中,村民受到邻里、亲友的消费行为和态度的影响,从而趋向于相似的消费选择。形成一定消费模式,参照效应通过人际交往进一步放大。村民通过熟人,接触到更多的成功消费案例,尤其是村中妇女们,从熟人交往中找到符合自己的流行趋势,这一点尤其表现在对衣着的消费。

电视对村民的消费产生革命性的影响。通过电视,村民接触到外部多元的生活方式和消费文化,这不仅激发了他们对新消费品和新服务的向往,也改变了他们对未来生活的期望。尽管村民也会以打工、旅游、听其他人讲述等方式接触到外部世

---

① [美]迈克尔·所罗门:《消费者行为学》,卢泰弘、杨晓燕译,中国人民大学出版社2014年版,第266页。

界，但电视为村民建构的世界更为具体。当村民意识到外部世界与自身所处环境存在一定差距时，就开始投资教育，教育消费带动了 D 村整体消费结构的升级。教育消费需求被认为是合理的并被推崇，还有一个重要的原因是，驱动村民生活欲求的根本性因素在于以家庭为单位的价值最大化。在农村，以个体自我为驱动的消费内容还相对较少。所以，村民更倾向于在家庭生活和生产资料上进行投入，而不是个人享乐的消费。此外，在村民的内心当中，其子女拥有整个家庭的消费优先权，不仅体现在学习用具的消费，还有平时对课外辅导班的投入。

手机的普及也极大地刺激了村民的消费需求。智能手机的使用使得村民可以随时随地获取信息、进行社交和购物，村民接触了从未有过的消费品。在关于网购的分享中，部分村民表达了对当今物流发达的感慨。手机购物降低了技术应用的风险和不确定性，因此，村民更愿意尝试新技术和新产品。

（二）需求的生成及其合理化

上一章分析了 D 村村民基本消费观念的来源，指出村民的"持化"观念，是村民对物质与消费的基本态度，整体上具有收紧和审慎的特点，村民消费观念中对细致、节俭的崇尚，决定了村民的物质消费需求并不旺盛。此外，村民家庭之间较为紧密的联络关系，使得在同一生活水准的家庭之间，关键物品的置办时间也大体相近。也正是由于农村内部社会结构与村民观念的整体性影响，村民的消费需求变化较为缓慢。特别是因为农业生产受节气时令的影响，春种秋收本身就是一种延时满足，村民对日常生活中的基本欲望也更倾向于延时满足。在物质生活一直都不富裕的 D 村，更多的消费欲望往往是不被支持的。村民的消费形态是在需求升级与持化观念共同作用下产生的结果。所以，传统消费者行为学意义上的计划外购买与冲动购买，在农民群体中的可能性较小。

从媒介视角看,相较于技术媒介对村民消费需求的影响,空间媒介发挥着更重要的作用。长期以来,市集与超市作为空间媒介,不仅是村民获取消费信息的主要渠道,也是村民购买物品的主要场所,决定了村民的消费结构与消费类型。对于 D村村民来说,Z市集是刺激其生活物资需求最主要的场域,每逢市集开放日,村民们会集中前往,不仅进行物品交易,还会互相交流种植养殖经验,了解市场行情,分享新的消费信息。市集也是村民生活中极其重要的消费空间。在日常消费生活中,由市集刺激的消费需求更具合理性,这种合理性来源于村民本地的熟悉感与渠道的信任。此外,空间媒介对需求的调整还体现在村民三五成群的聊天场景中,当村民经由广告等外界信息刺激形成新的消费需求时,聊天场域可对其进行调整,进而使其合理化。例如,在村中妇女总能掌握县城的流行物,并及时进行价值评判,村中也经常出现几个人穿同一款式衣服的情况。在 D 村,市集空间与其他媒介共同构建了一个多层次、多维度的消费信息网络。广告、电视节目、互联网等媒介传播的消费信息,通过村民间的讨论和分享,逐渐被接受、内化,从而使消费需求更具理性和可持续性。

二 渠道变革

(一) 多样化与便捷化

媒介对农村消费产生影响,体现在对消费渠道的变革。这一变革不仅改变了村民传统的消费模式,也提升了他们的生活质量和消费体验。

1. 从"人找货"到"货找人"

在物资相对匮乏的年代,村民的消费活动主要在固定的实体空间展开，例如村中的集市和县城的商圈。在这些消费场所中，村民围绕货物的集散地聚集，形成了典型的"人找货"模式。由于 D 村距离消费中心较远，村民的购物频率较低，大多集中在逢年过节时。因此，在当时的语境下，购物被视为平淡生活中值得期待的一件事。

随着商业环境的发展和供给渠道的丰富，消费逐渐向"货找人"模式转变。与农村居民相比，城镇居民的消费需求更为旺盛，不同家庭展现出多样化的消费模式。城镇地区的"货找人"模式较为成熟，消费环境多元而丰富，涵盖便利商店、大型超市和超级市场等多种形态。这一模式的形成是一个渐进过程，对城镇居民的消费价值观和行为产生了深远的影响。

相比之下，农村的消费模式直到互联网兴起后才经历巨大变革。得益于信息技术的发达和物流体系的完善，农村地区的消费模式快速从"人找货"转变为"货找人"。不同于城市依托实体购物渠道的方式，农村的"货找人"模式主要通过互联网和算法实现。这一转变显著改变了村民的消费行为。过去，村民通常只有在节庆期间才会前往城里购物；而如今，他们可以随时随地进行网络购物。同时，村民的消费需求从满足基本生活用品，逐步扩展到时尚、电子产品、健康产品等更为多样化的领域。

从"人找货"到"货找人"的转变，不仅大幅提高了村民的消费便利性和生活质量，也为农村地区带来了新的发展机遇。随着信息技术和物流体系的持续进步，农村消费模式将不断优化，为乡村振兴和区域经济发展注入更多活力。

2. 电子商务平台推动农村消费变革

电子商务平台的普及使农村居民能够通过互联网购买商品和服务。这不仅丰富了农村的商品种类，还缩短了农民获取商品的时间和空间距离。如今，淘宝、京东、拼多多等电商平台已经深入农村,农村居民可以通过这些平台购买到从日用品到农业生产资料的各种商品,极大地丰富了消费选择。

电子商务平台在农村的发展,离不开移动网络与移动支付的普及。如今,快递服务基本覆盖到农村的每一个角落,农民可以方便地接收到来自全国各地的商品。近几年,村中快递点逐渐增多,快递可以送到距农民家更近的地方,极大地方便了村民购物。微信、支付宝等移动支付方式,更加快捷和安全,也基本被村民所接受。Z镇市集中,越来越多的小商贩在使用移动支付。

3. 社交媒体对消费信息渠道的影响

社交媒体的广泛使用也在改变着农村居民的消费行为。第一,通过社交媒体,农民可以获取各种商品的宣传信息,也可以分享自身的购物经验,还可以通过团购等方式享受更多的优惠和便利。与此同时,基于社交媒体的广泛使用,一些新的消费观念和时尚潮流也在农村传播开来,促进了农村消费的多样化。在调研中发现,许多妇女通过抖音直播间了解并购买了新型家居用品。第二,网络购物不仅改变了个体的消费模式,还促进了村庄内部的社会互动和社区经济的发展。WL通过微信,帮助村民在秋收时节出售土豆,WCY通过朋友圈卖自家现杀牛羊肉等,此类事例不一而足。第三,社交媒体也具有网络购物的功能,村民在接收到购物信息后,无须转换平台,便可下单购买。快手等刚进入农村时,一些不熟悉手机支付的村民,出现误下单、退货难等问题,如今都得到了有效解决。但与此同时,个别村民反映,在直播间冲动购买的情况也逐渐增多。

总体而言,媒介在农村消费渠道的多样化与便捷化中起到了关键作用。通过电子商务平台、物流网络、移动支付、社交媒体的共同作用,农民的消费选择更加丰富,消费过程更加便捷。

（二）媒介场域对消费的整合

所谓"场域"，按照布尔迪厄的定义，"是在各种位置之间存在的客观关系的一个网络或一个型构"，"在高度分化的社会里，社会世界是由相对自主性的社会小世界构成的，这些小世界是具有自身逻辑和必然性的客观关系的空间"①。所以场域是社会化过程中形成的具有自身逻辑和必然性的客观关系的空间。② 郭建斌在对独龙族村的媒介场域研究中，认为媒介场域建构出一个权力的传播媒介网络，是由大众传播媒介（包括报纸、电视、广播、杂志以及音像制品等）筑成的一个无形的网络。③ 在 D 村，庙宇场、古事场等具有交流意义的空间媒介，具备型构关系的特质，也是现代社会媒介场域的具体形式。农村社会是一个由无数小场域形成的大场域，这个场域形成的关键在于大众技术媒介与空间、与人之间的相互渗透、勾连，并容纳了村民之间的社会关系。

个体获取信息，传递信息，并在循环往复的社会互动中将信息内化，完成信息在媒介场域的生产与再生产。个体对媒介的消费是其中的关键环节，在这一环节中，也完成了个体的社会化过程。GH 说："头一天晚上看完《天龙八部》，晚上睡觉做梦都是剧里的武功和招数，在上学路上，在班里，和同学讨论剧情，切磋武功，非常激动。"由媒介内容转换到人际沟通场域与班级的空间场域，又生产出新的内容。还有诸如电视广告内

---

① ［法］布尔迪厄、［美］华康德:《实践与反思——反思社会学导引》，李猛、李康译，中央编译出版社 2004 年版，第 133 页。

② 丁莉:《媒介场域:社会中的一个特殊场域》，《青年记者》2006 年第 6 期。

③ 郭建斌:《家电下乡:社会转型期大众传媒与少数民族社区》，博士学位论文，复旦大学，2003 年，第 42 页。

容与小卖部产品的连接和比较，村里戏台与戏曲频道里的秦腔唱段的连接和比较，对村民的认知、审美都构成了重要影响。

（三）从实体空间到虚拟空间——物质消费的媒介场域转换

D 村的物质消费场域经历了从实体空间到虚拟空间的转变。在农业合作社时期，村民以生产队的生产展开日常生活，消费以集体场域为主，例如生产队、大食堂等，代销社是日常用品的主要购买渠道。关于日常消费的商品信息只能从代销社中获得，因彼时实行计划经济，商业经济不发达，村民购买的物品非常有限，集中在煤油、盐等基础物资。对村民来说，代销社是重要的媒介场域，是村民个体与商业活动的纽带。

包产到户后，整个农村过渡到以家庭为单位的生产环境中，消费从购买、使用到新需求产生，都以家庭为中心。这一时期，村民物质消费信息的来源与渠道均为实体空间。大众媒介虽承担了部分传播消费信息的功能，如电视广告等，但与实际消费环境中的货物供给存在较大差距。超市等实体空间成为村民与商品连接的桥梁，决定着村民的消费行为与价值观念。

互联网普及之后，通过智能手机的使用，村民拥有了虚拟的物质消费空间，如拼多多、淘宝、快手等。以个人为中心的虚拟消费空间的崛起，参与家庭采购任务的人越来越多元化。在研究中，每个家庭都有子女网购家用产品的行为。购物以家庭采购为中心逐渐转向个人消费购买，并开始出现更多满足个体需求的产品。有 5 个家庭主妇提到丈夫通过网络渠道购物的经历。HX 说："这还是我老公把我带进（唯品会）的，我老公之前就拼那个红酒，一箱子几十块钱，挺便宜的，这不错啊，以后我就知道了嘛，不然我也不知道。"ZYW 说："以前他经常在淘宝上面买，后来他不是经常看见我用拼多多嘛，之后就也在上面买了几回。"

从实体空间到虚拟空间的转变,不仅改变了村民的消费模式,也丰富了他们的消费选择和信息获取渠道。实体空间曾经是村民获取消费信息和进行消费活动的主要场所,但随着互联网的发展,虚拟空间逐渐成为村民日常生活的重要组成部分。这一转变不仅是媒介场域的转换,也体现着村民消费观念和行为的现代化进程。

(四) 精神生活的媒介场域转换

在不同时期,村民文化消费的主体媒介不同。广播、电视等大众媒介出现之前,农民群体的精神生活主要集中在戏台、市集等由村民自组织的场域中。村民在人际互动中形成精神文化生活的审美与规范。在这一场域里的消费主体是众多村民组成的集体,每个村民各司其职,发挥所长,形成了村民自组织的活动模式。排大戏的活动就是集体精神生活的典型体现。

进入 20 世纪 90 年代,村民开始购买电视机,精神文化生活从集体转向以家庭为单位。电视对农村社会的冲击和变革作用明显,这在对 D 村的研究过程中得到了印证。农民家庭多以一家三代人共同居住为主,在电视出现之前,代际是农民精神文化生活与审美活动的主要区隔,并在审美对象、互动内容等方面有所不同,例如大人之间的一些聊天要求孩子回避。而电视出现后,一家三代人共同围坐的电视机前,审美对象与互动内容打破代际的固有划分。GH 的回忆中有一个场景,当电视中出现接吻镜头时,父母会想办法转移自己的注意力。梅洛维茨的研究将这种情况用戈夫曼的"前台""后台"理论进行了进一步论述。从精神文化生活的角度考量,电视出现将农民大部分的空余时间锁定在新闻联播、电视连续剧以及综艺节目构成的大众媒介消费中。村民从事完一整天的生产劳作,回到家中洗漱、吃饭后,打开电视。这是村民长期以来的生活模式。这一时期,以家庭为单位的精神文化生活成为主导。

梅洛维茨认为,新媒介或者新的媒介类型可能重新构筑社会场景的方式,这类似于墙的建立和拆除,或者在物质场景中将人重新定位。① 在集体为中心时期,文化生活的代际差异,是以兴趣和才艺为中心的。而电视时代,家庭的几代人围坐在一起,建构出以家庭为单位、电视为中心的农村精神文化生活。

如今,村民精神文化生活是以个人场域为中心的,大家在茶余饭后的消遣以手机媒介为主,客厅被划分为以个人为中心的多个媒介场域。每个人都有独特的审美对象与感情生发,家庭成员之间的交流减少。WX 说:"无聊的时候、天黑的时候,电视也不爱看,就看下快手,我就看看干活的、玩扑克的这些人。"而 WX 的妻子是唱歌爱好者,她平时喜欢看快手上唱秦腔的。被访者 C 说:"现在的人们每人拿个手机,晚饭后都有各自的事情,天也不聊了,电视也不看了,自乐班也搞不起来了。"一个家庭中的不同成员,其兴趣爱好能在各自的手机上得到满足,村民的精神文化消费已基本转向以个人场域为主。

三　形塑观念

潘忠党等认为,媒介内容与价值观之间存在非常重要的关联关系,那些持有一定价值取向的受众更容易为表现这一取向的传媒内容所吸引,更容易接受这些内容所表述的思想;经常接触这些内容会更固化或强化这部分受众的价值取向,而对于那些接触多种传媒内容的受众来说,他们面临不同的价值取向

① [美]约书亚·梅洛维茨:《消失的地域——电子媒介对社会行为的影响》,肖志军译,清华大学出版社 2002 年版,"原著前言"第 V 页。

必须综合来自其他渠道的体验和信息确定自己的价值选择。[①] 这里强调了媒介对价值观的更新与强化作用，而互联网则是对这一功能的进一步凸显。首先，媒介内容的丰富，使村民接触了从未有过的信息，而信息往往具有价值传递的功能，能够刺激村民价值观念的更新；其次，村民接收的信息经过了算法的影响，当遇到"便宜""咱们农村人"这样的关键词，村民就会观看。而与网络信息互动与反馈的过程，就是村民强化自身价值观念的过程。需要强调的是，在潘忠党等看来，媒介对价值观念的塑造作用是一个动态变化的过程，新信息的刺激需要内化为村民的价值选择，其中传统的、既有的价值观念发挥了重要作用。在观念形塑的过程中，空间媒介创造的沟通场域不可忽视，上文提到的需求合理化，正说明了媒介对新观念的塑造作用。

媒介对消费意识形态有很强的塑造作用。意识形态是对事物的理解、认知，也是观点、态度、价值观的总称。农村媒介环境指向村民互相交往及其与空间的交融，媒介信息环境与内容生态是消费意识形态的基本构成。意识形态抽象于人们的具体行为与语言，决定着村民消费决策与具体行为。对于媒介与消费的关系，葛彬超认为，媒介文化利用其视、听等感官刺激直接作用于消费形态，也可以执行意识形态的功能间接影响消费形态。[②] 消费对媒介观念的塑造首先体现在村民消费决策的价值层级。

---

① 潘忠党、魏然：《大众传媒的内容丰富之后——传媒与价值观念之关系的实证研究》，《新闻与传播研究》1997 年第 4 期。

② 葛彬超：《媒介文化与消费主义》，《东北大学学报》（社会科学版）2009 年第 1 期。

（一）消费决策价值层级

消费决策价值是村民在购物时考虑的因素，整体来看，村民的消费决策价值层级相对一致，这是村民长期交往与互动的结果，媒介在其中起到至关重要的作用。对这一部分的考察贯穿整个调研，在村民家中看到的几乎所有物品，都询问了购买渠道、价格以及购买原因等信息，总结后提炼为以下三种因素。

1. 价格因素

价格是村民购物时考虑的首要因素，这是由村民可支配收入决定的。在访谈中，问及买东西主要考虑的因素，村民首先提到的就是价格不能太贵。村民对普通的日用品都是习惯性购买，村口超市的货物价格稳定，超市老板在进货时，也会考虑村民能接受的价格。上文中提到村民在购买衣服时考虑衣服性价比的问题，即随着村民生活水平的提高，以价格便宜这一因素作为基础，也在兼顾物品的耐用程度。

2. 口碑因素

村民购物时，口碑是仅次于价格的考量因素。在众多的购物信息中，村民更愿意相信周围人的购买经验，而在经验的听取中，更愿意相信物品的购后评价。购买衣服时，妇女之间相互交换购物信息，哪里的衣服质量好、价格低，其他妇女也会争相购买。这也是村里妇女进行社交的有效途径。还有一种口碑因素体现在商家的推荐中，村民会认为商家接触的商品多、了解的情况多，所以更愿意购买推荐款。研究的9个家庭中有8个家庭使用TCL王牌彩电，问及为什么购买这个品牌，有5个家庭的原因都是"听说这个牌子的电视耐用"。其中大部分来自周围人的购后信息，也有3位被访者提到买电器的老板说产品好、用得住，所以会购买。

3. 品牌观念

（1）村民朴素的品牌观念

在大部分村民的意识中，品牌离自己的生活还很遥远，并没有融入自己的生活。村民认为，名牌产品虽然好，但价格高，并不适合自己购买。在实际购物时，村民也不会关注具体品牌，这是存在于深度接触的 6 个家庭主妇的普遍观点。与 WHM 聊天时，笔者提示，你们买的电视（海信）就是品牌，但 WHM 的回应是："是吗？这个牌子好吗？"MHX 说："牌子不牌子不关键，关键是要实用。"乡镇超市老板 LYS 说："关键是品牌这个东西，人家外头转的就知道品牌是个啥东西，但是在农村人眼里品牌是个啥，就上不了档次，品牌的东西价格高对吧，看起来一模一样的乔丹鞋和杂牌鞋，人家愿意 50 块钱买一双杂牌鞋，咱们这个最少要两三百块钱，但是在这个街上品牌的比如乔丹就没人要、没人买，品牌的东西这街道上很少。""价格高、质量好"是村民对品牌的基本观念，但对自己的消费行为并未构成直接影响，有的村民能列举品牌的名称，但对品牌的认识只停留在名称。由此也可以看出，村民的品牌观念还处于基础认知阶段。

在一定时期，农村的品牌生态环境也令人担忧。在农村商品品类少，可选择范围小的消费环境下，山寨品牌泛滥，即使看到一些所谓"大牌"商品，也可能是假的。GH 提到："在2014 年左右，正是假货和山寨东西猖狂的时候，几乎每种产品都有价格低的仿制品，我看到的有脉云力（脉动）、康帅傅（康师傅），洗衣粉和洗衣液等日化用品都是山寨品的重灾区。"山寨产品以次充好，但村民分辨不出来，由此产生的负面影响是，可能导致村民并不相信品牌能带给产品的品质保证，这也不利于村民品牌意识的树立。

（2）局限于个别品类的品牌消费

尽管村民对消费品的品牌认知还处在较为初级的阶段，但在与超市经营人的接触中进一步了解到，村民在筛选商品时，对品牌是有一定要求的，体现在价格不高的日常用品和食品中。WL说："那关注（品牌）呀，康师傅什么的，像这些茶就都是康师傅的，人家都认得康师傅、都要康师傅的，你也必须卖康师傅的，这些水（饮料），最次的就是那个'非常可乐'，娃哈哈的，这个以前娃哈哈也是个品牌、也便宜，但是走得就不太行，像一般的话都是红牛之类能叫上名字的，要不叫不上来的，就红牛上边那个新上的，但是能卖动，像一般跟大城市卖的水一样的话就可以，杂牌子就没人要。"这一点在乡镇超市LYS也得到印证，"你看我们卖的这些东西，烟啊酒啊奶啊都是品牌的，农村人还算能消费得起。"WX提到，买牛奶只选夏进牛奶，喝过一次后觉得不错，就没再换过其他品牌。此外，超市老板WL提到的，村民在购买日常消费品时，习惯性购买已经认准的品牌，较难接受新品牌。在村民固有的品牌认知中，品牌也是"安全"的体现，购买听过的品牌有质量保证。

（3）网红品牌的机遇

当下，众多商家瞄准下沉市场，试图在农村找到市场机会，但村民的品牌观念亟待养成，而价格低，质量好的品牌能够在较短时间内占领村民的心智。GXY提到了"人本布鞋"，就是此类品牌。人本布鞋在网络渠道销售，质量好，相较于同款的匡威牌帆布鞋，价格低，此类品牌易受到农村消费者的青睐。还有一些网红品牌，也因较低的价格受到村民关注。MHX和WL都提到网红品牌"辛有志严选"，并使用这个品牌的治脱发的生姜洗发水。辛有志是在互联网迅速成长的日用品品牌，受到农村消费市场的欢迎，传播渠道主要在快手等短视频平台。在问及效果时，WL 称"没啥感觉，就这么用着呢"。这也说明，网红品牌在快手的高曝光策略，能使产品迅速被村民接受。

（二）农村消费中的代际差异

在对村民的考察中发现，不同年龄层次的群体表现出不同的消费习惯。需要注意的是，这些差异均与村民对手机媒介的使用直接相关。在深度观察的 9 个家庭中，其中有 3 个家庭的消费决策权在 30—40 岁的家庭主妇手中，她们通常更倾向于使用手机媒介获取消费信息，对新事物的接受度也较高；5 个家庭的消费决策权在 45 岁以上的家庭主妇手中，对新事物的接受度较低，手机媒介的使用也相对较少；还有一个家庭的消费决策权集中于一位 54 岁男性，之所以能成为村中为数不多的擅长网购的中老年男性，与其对手机的熟练使用有很大关系。不同代际的消费差异主要体现在以下两个方面。

1. 对新鲜事物的接受程度

不同年代的村民对新事物的接受程度不同。年轻的家庭主妇容易接受新的事物，有较多尝鲜消费经历，购买渠道灵活，对于 30—40 岁这一部分群体来说，接触网络时间早且频率高，对智能手机使用的熟练程度明显高于高年龄者，所以采用实体店结合网络渠道购买的方式。而年龄较大的家庭主妇购物主要是实体店购买，很少通过网络渠道购买，即使家中有网络购物，也是子女协助或由子女主导购买。上文提及 54 岁的 WCY，家中大部分物品是由他购买，且网购经历较多。在对其访谈时发现，他年轻时有从军的经历，在外打工时去的地方比较多，是村中"见多识广"的人。他能熟练使用手机，且容易接受新的事物，这样的消费观念与其年轻时的经历有较大关系。

2. 消费内容

不同年代村民的消费内容不同。30—40 岁的家庭主妇，在购买生活必需品的同时,有部分享受型消费,这在几位年轻受访者中体现得尤为明显。例如,MHX(34岁)在县城的美容院办理了美容卡,定期进行皮肤护理,说明她对自身形象的关注;ZYW(30岁)为子女购买了一些大型毛绒玩具,这不仅满足了孩子们的乐趣,也反映了她在家庭消费中注重家庭成员的幸福感。而HX从网上购买面膜,同样显示她的享受型消费选择。相比之下,在其他5个家庭的消费记录中,并未发现类似的"享受型"消费内容,这进一步凸显了30—40岁家庭主妇在消费习惯上的独特性。

为了更全面地了解村民的家庭消费状况,研究选取了MHX、ZYW两位具有代表性的30—40岁家庭主妇,以及WHM(52岁)、YJP(52岁)两位年龄较大的女性作为对比对象,进行了为期15天的消费跟踪记录。通过对比分析发现,MHX与ZYW的购物频率明显高于另外两位,其中MHX购买了4次新鲜蔬菜,ZYW购买了5次,说明她们在生活必需品采购上有一定的活跃度,而且对家庭饮食的新鲜度有一定要求。而YJP在同期内仅购买了一次新鲜蔬菜。这也体现了不同代际人群在消费内容上的差异性。

此外,ZYW在购买面包、桃酥等即食食品的同时,WHM则选择在家中用自家的面和油制作炸油果子。这种差异不仅反映了不同年龄层家庭主妇在消费选择和生活习惯上的不同,也体现了她们在平衡家庭经济、健康与便利性方面的不同考量。

从以上分析可以看出,30—40岁的家庭主妇在家庭消费中不仅关注生活必需品,还逐渐增加了享受型消费的比例。村民在物质消费方面的多样性和个性化需求的增加,体现了村民对个人和家庭生活质量的重视。这是理解农村地区的消费行为需要关注的重点内容。

（三）扶贫政策下的消费——积蓄型还是透支型

吃用有度一直是村民价值观念中的重要内容。一直以来，D村村民都有一种"有多少钱就花多少钱"的基本认识。而且，村民对花费精打细算的同时也会留有一定的积蓄，用于家中大事或紧急事件。但是，受粮食价格的影响，村民仅靠种地并不能维持生计，积蓄也相对较少。基于生产的需要，国家用信贷制度作为扶持政策帮助农村生产。一开始这种政策并不被村民接受，经过驻村干部、乡镇干部、村支书、农村信用社等对政策的传播，现在这种方式也逐步被村民接受。目前，贷款支持生产已成为村民较为普遍的共识。从观念排斥到逐步接受，关键人作为媒介发挥了重要作用，特别是对于还款规则与信用问题的宣讲，村干部的作用非常大。与此同时，村民经由空间媒介的交往交流也对同步信贷信息、调整信贷观念发挥着重要作用。

信贷扶持是国家众多扶农政策中的一种，农村信用社和农业银行是农村金融体系的重要构成，小额信贷是维持村民正常生产生活的重要补充。以村民在农村信用社贷款为例，用于常规生产的农民专项信贷，额度1万—2万元，这部分款项借贷门槛低，只要有农村户口即可办理。春季来临，D村的大部分农户需要从当地农村信用社申请1万—2万元贷款用于春耕。上文中也提到，有部分家庭基于耕地的收入仅能满足日常生活、教育等基本家庭支出，在春耕时用于耕地的消费资金不足，只能依靠贷款。近几年，专门从事耕地的农民虽少，但信贷所得仍是补充周转的重要资金，当遇到孩子上大学、结婚、买房、买车等大事，常规积蓄不足以支撑，大部分村民都依靠贷款周转。据了解，村里有大学生的家庭都依靠助学贷款上学，村支书说："据不完全统计，村里有200多户家庭有贷款。"

2013 年，D 村被列入精准扶贫村，国家下拨一系列扶贫专项款，提升了村民的可支配收入。2016 年，全村的种、养殖扶贫专项款为 755 万元，涉及 155 户，这一部分贷款由国家贴息，老百姓只还本金。2018 年引进肉牛贷款 168 万元，涉及 42 户，同样由国家贴息还款，这是为村民"输血"式的扶贫。有了这一笔资金的扶持，从客观上改善了村民的经济状况，但农产品价格由市场调控，村民养殖投入与产出比例固定，结余较少，贷款已经在一定程度上刺激了村民消费。所以，在日常生活中，入不敷出是常态。用什么还款，何时还完，是村民遇到的新问题。在信用制度逐步完善后，村民意识到，如有不良信用记录，子女不能入党、不能考公务员，出行也会受到限制，后果严重。扶贫最理想的结果是通过灵活的贷款机制，国家给村民输血的同时达到造血的目的。但事实证明，以家庭为单位的小农经营模式不能完全匹配市场发展的需求，加上农村老龄化严重，整合农村资源的带头人有待开发，从实际情况来看，真正将牛等养殖产品推向市场，其实际收入远不如国家补贴来得多，这也是农村扶贫面临的新问题。

（四）消费规范的传承与创新

人的行动系统是受价值和规范支配的，消费行为也受到相应价值和规范的制约。王宁认为，消费的规范文化是消费行为方式如何在某种价值和规范的支配下，成为某种集体意识（或社会意义）的符号显示系统。本研究认为，消费规范是消费观念的组成部分，是对消费限度的学术表达。一个村落消费规范的形成是基于传统文化和村民集体价值观念，在消费规范作用下，村民的消费观念与行为具有传承性与创新性。

在传承方面，媒介作为信息传播与价值观塑造的重要工具，深刻影响着中国农村地区的消费观念与行为模式。首先，勤俭节约这一传统美德,更多是基于代际传递的价值理念。中国人素来崇俭,反对浪费。在传统的西北农村,这种价值观念更是深入人心,村民通过展示节俭生活的正面案例、批评浪费行为,进一步加深了村民对"穿衣吃饭看家当"这一理念的认同。

其次,媒介在推广理性消费、按需购买方面也发挥了积极作用。通过传播实用主义消费观,媒介引导村民将"实用"作为购物的基本准则,追求物品的实用性和性价比是村民的普遍共识。村民交往交流中关于合理规划家庭开支、避免盲目消费的信息,进一步强化了这一消费价值选择。

最后,教育消费是具有合理性的,媒介在其中也发挥着重要作用。通过传播教育投资的长远回报、展示教育成功的案例,媒介提升了村民对教育价值的认识,促使大部分家庭愿意为子女教育进行持续投入。

第三节　消费对媒介的建构

丹尼尔·米勒提到,我们自以为在历史中创造着一件件物品,并且用它进行交流、指意、表述、建构,而如今只有一个物的世界,我们的自我概念和社会概念正是借助于这个物的世界才得以创造。消费虽然是日常生活的表象之一,但在实际生活中,消费物品、内容却构成了村民接触的一切事物。正如鲍曼提出"消费者社会"所讨论的,消费是与现代人的生存同等重要的问题[1]。鉴于消费对日常活动产生的基础性作用,其对村民日常生活变革的作用也不容忽视。下文将分析消费对村民媒

---

① [英]鲍曼·齐格蒙特:《全球化——人类的后果》,郭国良、徐建华译,商务印书馆2013年版,第77页。

介环境的影响。

一 消费对媒介渠道与内容的影响

急剧变革的农民消费行为背后,更为重要的力量是村民物质与精神生活需求的增长,日益蓬勃的"下沉市场"恰好说明了这一点。随着农村经济的持续发展和农民收入水平的提升,村民们不再仅仅满足于基本的生活需求,而是开始追求更高品质的商品和服务,同时对娱乐、教育等精神层面的内容也展现出了前所未有的热情。近几年,越来越多的企业敏锐地捕捉到了这一变化,将营销的关注点从一线城市转向了三线及以下城市、县镇及农村地区,而这一市场的消费群体,很多都来自农村,他们拥有更多消费潜力,且消费习惯也正在快速转变。

伴随着"下沉市场"的逐步扩张,性价比、低价格等消费诉求越来越成为媒介渠道不可忽视的关键因素。为了满足这一市场需求,媒介渠道不断创新,直播带货模式应运而生并迅速崛起。这不仅为消费者提供了更为直观、互动性强的购物体验,也使得价格更为透明,更有利于消费者追求性价比。值得一提的是,这种新兴的消费模式和媒介内容的变革不仅仅局限于农村地区,其影响力还逐渐渗透到了城镇人群,改变了城镇传统消费模式及其格局。城镇居民也开始通过直播带货等渠道寻找性价比更高的商品,享受新兴消费方式带来的实惠。

针对下沉市场的特殊性,媒介渠道在内容制作和投放策略上更加注重地域适应性。例如,制作符合当地文化习俗和消费习惯的广告内容,选择当地网红进行带货等,以提高媒介渠道的影响力和传播效果。

农民消费需求的多样化和个性化促使媒介内容向定制化和个性化方向发展。媒介平台通过算法可以精准把握消费者的兴趣和需求,为他们提供定制化的内容服务。根据农民的购买历史和浏览行为推荐相关商品信息或农业技术知识等。与此同时,出现了越来越多既符合农民群体,又兼具实用性与娱乐性的媒介内容。快手、抖音等平台出现了很多以农村为背景的幽默小视频,吸引了村民的关注。WHM长期关注邻村拍摄短视频的博主,主要内容为婆媳关系等农村家事,这些内容是村民普遍爱看的。这位博主在短期内收获大量粉丝,有段时间也在直播间带货,WHM虽没有购买,但她了解到这位博主因此赚了很多钱。需要指出的是,此类内容有丑化农民形象的问题,应当引起重视。

二　消费行为对媒介空间的影响

(一)住房结构对生活空间媒介的影响

随着物质生活水平的逐渐提高,农民在消费资金支配上有了更多主动权,修建房屋便是有钱之后的首要任务。20世纪90年代,村民逐渐将自家的土窑换成砖木结构的房屋,住房空间得到扩大。所谓"居家过日子",住房的修建与维护是村民的基础消费,也决定了村民生活空间的建构。此空间是家庭沟通和交流的基本场域。房屋建成后,房屋承担的生活功能趋于多元化,以往的房屋集客厅、卧室功能于一体,几代人共同居住。在住房空间扩大后,这样的情况得到改善。基于空间的合理规划,代际的区隔变得明显。几代人分开居住后,有了各自的交流场域。夫妻之间的私密空间得到尊重,家庭交流内容和交流模式也发生了变化。到2010年,D村的大部分家庭修建了沐浴间,购置了热水器和淋浴器。村民WHM说:"村里人都觉得地里劳动完冲个澡好得很,很多家都盖了洗澡间。"

这种变化不仅反映了物质生活条件的改善,更展示了消费在重塑社会生活和人际关系中的重要作用和影响。住房结构的变化和相应生活空间的调整，使家庭成员之间的互动更加多样化和个性化。同时，随着新技术和消费品的引入，村民的生活质量和幸福感得到显著提升，体现了消费对改善农村生活的重要性。住房作为农村社会重要的空间媒介，不仅具有物质的功能与意义，也具有深刻的社会功能和文化意义。

（二）家用电器消费对家庭空间布局与沟通行为的影响

家用电器的购买，尤其是电视的引入，重新建构了家庭的交流格局。大部分家庭在购买电视、冰箱、洗衣机等家电后，会以家电为中心重新布局房屋。

例如，2号家庭不仅有一台冰箱，还在厨房放置了实用的冰柜。冰箱多放置在客厅，象征着家中的物资充裕。客厅通常摆放一台50寸液晶电视，两边放置音响，皮沙发以电视为中心摆放，形成一个正方形的格局。家中有客人拜访时，会被邀请到客厅喝茶，这里是家庭场域中相对正式的区域，也是商议家庭大事的地方。客厅旁的偏房则是孩子们的娱乐区域，以另一台电视为中心，其使用频率远高于客厅中的电视。

在20世纪90年代，电视刚出现在家庭中时，被视为"珍稀物品"，放在家中的中心位置，用红色丝绒布包裹。据WN分享，家中的父母一般掌握着电视的使用权，决定何时打开和观看什么。"80"后、"90"后对电视的向往，以及偷看电视的经历，成为集体记忆。随着生活水平的提高，电视不再是"稀有物品"，孩子们看电视成为非常普遍的事情。例如，GJH家中的液晶电视的主导权集中在读初中的女儿手中。

在家庭的交流场域中，电视成为区隔不同功能的核心。笔者首次到访2号家庭时，被邀请到上房喝茶聊天，而孩子们在偏房活动。这两个以电视为中心的场域分别承担了家庭的外部和内部的交流活动，也体现了家庭内部的权力划分。

这同时也反映了农村代际关系的变化。被访者 A（"70"后）回忆起小时候，家长是家中的权威，餐桌礼规非常严格，孩子们在家长未动筷子前不能动菜，饭后也由孩子们收拾筷。而现在，这种情况被颠覆，父母以孩子为中心，提供全方位"服务"。在城市家庭中，独生子女政策影响了代际关系，家庭中只有一个孩子，父母倍加珍惜。在农村，独生子女家庭较少，但也出现代际权力关系的变化，其原因是复杂的。本研究认为，这与物质条件的改善和消费环境的宽松密切相关，对新技术的掌握赋予了子代对财务的支配权，子代在家中的地位逐步提高。

（三）教育消费驱动的生活场域与沟通模式的变化

教育是村民日常生活重要的支出内容，家庭对教育环境的选择决定着全家的生活环境。D 村的很多家庭都在外租房陪读，将村里的房子作为"大后方"。特别是有高中生的家庭，甚至一些小学、初中的家庭也会在孩子就读的学校附近租房。租住房屋里条件艰苦，设施单一，基本不放置电视等家用电器，放假再回到农村家中。这样"候鸟式"的生活状态会持续到孩子读大学为止。

基于教育至上的价值观念，D 村的读书人有非常高的社会地位。通常，孩子读到初中，村里人都会认为家中有了"读书人"，他们学识高，所接受的外界信息丰富，自然明知事理。有时，高中生在家中会有与其年龄并不相匹配的话语权，这种情况在互联网进入农村后进一步扩大。子女对手机使用的熟练程度远高于父母，并在网购功能的使用上也占优势。因此，部分消费权力属于子女。例如，MHX 经常提到家中物品是由读初中的女儿网购来的。GJH 也提到，初中的女儿不仅使用手机购物，还使用电视购物功能，购买家中所需物品。D村民家的墙上除了书法字画作为装饰之外，还有一个重要区域用于张贴孩子学习所得的奖状。在访客的称赞中，户主会觉得非常有面子。

第 五 章

发展新篇:农村消费文化与实践

第一节　新环境：数字时代农村场域的
　　　　 重新塑造

当下村民的日常生活实践是媒介与消费互构的结果，在媒介与消费双重建构的作用下，村民的行为、观念也发生着变化，农民个体与社会不断互动，身份认同也随之变化。消费方式作为一种可见的结果，是影响日常行为和深层次观念的诱因。而不同媒介的入场与出场，也不断重塑着农村社会生活。

一　媒介对农民物质与精神生活的整合

（一）数字化重塑内容生态

在互联网的深刻影响下，农村社会环境面临前所未有的变革，这种影响不断改变着村民的生活形态。尤其是基于互联网的影响，平台的内容生产模式已初步形成。正如黄升民指出的："技术为本，媒体与营销进化，数据与智能驱动，媒介价值蓬勃爆发，以数据、算法、工具、应用等要素为核心，媒介连接用户生活，行为场景、物质精神种种层面，形成多元回环，且彼此连接渗透，打破时空界限，接触点无限延长。"① 数据化、智能化对农民这一群体的影响正在从生活形态转向经济环境、意识形态等更为深刻的领域。而以农民为核心的内容产业正在形成，在这一过程中，农民自我主体意识的发展驱动着内容的生产。

农村社会的信息生态由人与人的交往、人与空间融合以及技术媒介构成。互联网对村民的信息构成影响空前，信息数量呈指数级增长。随着手机媒介的深度使用，村民将大量闲暇时间投入手机当中，基于人际互动的信息生产逐渐减弱，信息再生产趋于虚拟化。

具体在物质消费层面，网络将产品与品牌信息整合到手机媒介中，村民结合现有的消费观念与既有消费习惯，不断更新对消费品、品牌的认识。部分"网红"品牌正以其高性价比的特点受到村民欢迎，能够契合农民生产生活的消费品也正在扩充，如不同款式的牛鼻环等，农业生产资料显现出较大的创新空间与市场活力。基于此，以农民群体为主体的消费品与品牌聚落也正在逐步形成。

从村民的精神文化消费来看，以往村民的交流交往是基于人际与空间场域的互动，精神文化生活附着在人际关系与空间场域。而现在，手机主导着精神文化生活，村民的文化消费受到内容平台的制约。相较于电视内容来说，短视频内容虽然丰富但趋于庸俗化、媚俗化，不断解构着村民原有的审美观念，审丑活动大行其道，其局限性也显而易见。

---

① 黄升民、刘晓：《技术、数据、智能潮驱动下的媒介进化》，《新闻与写作》2018 年第 7 期。

（二）空间——消费与媒介互构的中心场域

村民的生产生活在不同空间展开，与城市精神文化与物质消费空间不同的是，农村的消费空间多属于"流动空间"。这里的"流动空间"不同于曼纽尔·卡斯特提出的基于现代技术环境下产生的一种新的空间逻辑，而是技术、社会与空间彼此互动的复杂状态。在卡斯特的论域里，流动空间是相对于"地方空间"概念的，而存在于农村的流动空间指戏台、货郎、市集等临时搭建的供村民交流与消费的场域。

从 D 村消费生活史中可以看出，相较于家庭、超市、小卖部等"固定空间"，流动空间作为特殊的媒介场域，在农民的精神与物质生活中扮演了非常重要的角色。从实际功能的角度看，流动空间建构的媒介场域，与电视等大众媒介具有相同的地位。就 D 村的情况来看，同样作为大众媒介，广播发挥的作用极其微小，报纸与杂志基本空白，而电视是在 20 世纪 90 年代中期之后才普及，90 年代之前的较长一段时间里，空间媒介占据主导地位。

对空间媒介的关注是把握村民日常生活实践历史与当下的关键所在。村民日常消费的场所并不只有物品交换与获取的意义。从个体社会化过程的角度来看，消费空间所具备的交流特质同样值得被重视。也就是说，消费空间具有媒介化的属性。在这里，物质消费空间与精神消费空间具有平等地位，货郎与市集建构起农村流动与交流空间，庙会与社火也是文化消费流动空间，这些空间在被搭建、被消费和逐渐消失的过程中具有村民个体之间、个体与群体之间、群体之间的文化传播意义。就村民购物观念提升的视角来看，乡镇超市产品的正规化，其媒介意义远大于大众媒体的广告与法治宣传片。

总的来看，D 村有三种空间媒介：一是村民物质消费的实体空间,如小卖部、超市、县城商店;二是电商构成的虚拟空间;三是精神消费的庙宇、人群构成的临时空间。这些空间在人际交往交流中不断生成新的信息,发挥着媒介作用与意义。在这些媒介空间中,村民的精神生活与物质生活得到统一。

(三)栖居于媒介的消费形态

农民群体的精神文化生活依托于各种媒介形式。媒介是精神文化生活的主要载体,离开了媒介形式,既难以厘清精神文化生活的脉络,也难以准确把握其内容。空间对精神文化生活具有重要作用。例如,广场舞成为当今妇女精神文化生活的新内容,村里的妇女们也想在晚饭后聚集在一起跳舞,但由于 D 村空间有限,只好作罢。可见,精神文化生活对空间具有一定依赖性。手机成为村民的"第一媒介",但基于手机媒介的精神文化生活只有某些短视频平台的内容,存在同质化、质量低的问题,还挤压了农民基于现实交往的精神文化活动。

与精神消费相同,物质消费同样离不开媒介。对农民的物质消费梳理中,用空间媒介梳理出一条供销社、货郎、市集、乡镇超市、县城商圈的脉络,串联起农民物质消费的空间场域。空间媒介对村民的物质消费产生基础性、决定性的作用。若从技术媒介的角度看,在互联网普及之前,媒介对物质消费的意义多在于观念的影响。如电视中的现代生活场景构成农民对未来生活的向往,电视广告中的品牌成为"80"后、"90"后小孩走出农村后消费决策的影响因素。更为重要的是,电视将农村与城市纳入到相同的媒介语境中,这是驱动农民群体认同机制发生改变的重要因素。城镇化为村民提供了走出农村的客观基础,而媒介信息的影响,使得农民群体产生离开农村,融入城市的主观意念。

二　农民面临的消费之困

(一)　内容接触与渠道断层

在对村民的访谈中了解到,20世纪90年代后期开始,村民才接触广告,最早接触的就是电视广告。而在口述史访谈中发现,90年代之前,报纸和广播中就有广告信息,但因为农民整天忙于生产,无阅读报纸的习惯,也无暇看报、听广播,自然没有接触到广告。所以,电视广告是村民真正意义上接触并理解的"广告"。而提到广告,村民也自然会联想到电视广告的内容。

广告最本质的目的是促进购买,但农民群体的实际购买与广告内容有一定距离,村民观看广告,大都停留在观赏层面。在访谈中,问及的村民都说看过电视广告,但没买过广告中的产品。究其原因,主要包含两个方面。首先,渠道缺失。村民在观看广告后,即使有购买广告产品的想法,也无购买渠道。WHM说:"以前看见电视上的足力健老人鞋,感觉穿着很舒服,想着自己也买一双,但不知道在哪里买。"其次,村民认为广告中的产品贵,自己消费不起。WX提到:"农村人消费低,广告里的产品都是名牌,贵一些吧。"

有学者把内容风格与页面一致、设计形式镶嵌在页面之中,同时又符合用户使用原页面行为习惯的广告称为原生广告。因原生广告与媒介内容的高度拟合性,对于普通受众来说,媒介信息的广告属性并不容易被识别,尤其对媒介素养较低的农民群体更是如此。在访谈中,多次问到有没有购买广告中的产品,村民的回答,"没有,也不看广告"。但在实际观察中,WL和MHX都购买了快手平台的面膜和洗发水。村民对于广告概念的认知,还仅限于电视广告等直接广告的认识。村民对直播内容中的营销推广还处于基础认知的阶段。

(二)物质消费的动力不足

村民消费的驱动力,从根本上来源于家庭的可支配收入。目前,在相关政策的支持下,村民的生活水平得到很大程度的提升,这毋庸置疑,但村民的消费动力仍然不足。

首先,留在农村的大部分村民刚解决了温饱的问题,可支配收入较低,这是限制村民消费的首要原因。

其次,村民收入不稳定,缺乏消费信心。传统的种植养殖业效益不高,单纯依靠国家扶持和定向扶贫资金只能在短期内解决村民的生产生活问题。例如,村民养一头牛国家补贴5000元,养一只羊补贴800元,而一只羊的市场价格也大致为800元。如果国家将养殖的政策性补贴款撤销,村民生产的动力会大幅下降。即使受到扶持的家庭,消费暂时有些许活力,但消费的持续性问题仍然存在。

最后,农村老龄化问题严重,消费需求少。年轻村民大都向城镇谋求发展,留在农村的老人,其生活需求仅为吃饱穿暖,消费活力欠缺。此外,D村的发展还难以满足村民自身发展的需求,传统农业、畜牧业的经营难以留住年轻人。经济发展滞后与人才流失导致恶性循环,对消费产生诸多负面影响。

(三)精神文化消费匮乏

在集体与家庭为中心的媒介发展阶段,村民精神文化生活可谓"精彩纷呈"。但如今,讲古事、皮影戏、唱大戏等活动逐渐消失,村民的精神生活变得十分匮乏。村民投入生产的积极性不高,闲暇时间并无休息与放松的意义。被访者C说:"人们都待着没意思,太无聊了,空虚得很。"D村用于村民精神消费的空间还相对较少,公共文化设施供给较弱。位于X村的村委会有大戏台,但从2007年建成到现在,只使用过一次。喜欢唱戏的村民都逐渐老去，即使请来戏班唱戏，观看之人也寥寥无几。

手机媒介下的精神文化生活看似繁荣，但有贫乏的一面。HX 是快手视频的重度使用者，每天除了接送孩子上下学和做饭之外，空余时间基本都在拍摄小视频或进行快手直播。内容以"展示自我"为主，相同角度、相同表情、相同动作，只有穿着和周围的布景不同。她对于我的出现表现出极大的热情，并邀请我一起拍摄视频，一起直播。问起喜欢快手的原因，HX 明确表示："生活太无聊了，打发时间。"某些短视频不乏有性暗示的内容，相对低俗。"无聊"这种精神状态也表现在其他农民身上，对于村里的男性来说，除使用快手打发时间外，聚集在村口小卖部打牌也是娱乐生活的一种，而相对于看戏、唱小调等，这样的精神娱乐生活缺乏营养，还有聚众赌博的可能。被访者 C 回忆，物质生活条件差的 20 世纪七八十年代时，村民唱戏，大家聚集在一起听古事，乐趣颇多，他对这段岁月也非常怀念，他说："那时，大家物质生活水平较差，但精神生活非常丰富。"

在实际观察中，D 村民闲暇之时已无聚众的娱乐活动，聚众"谝闲传"的人也在减少。对于"80"后"90"后村民来说，审美旨趣与兴趣爱好都发生较大变化，与农村、乡土有一定距离，网红歌曲取代秦腔，网络电视剧唾手可得，足以打发闲暇时间。此外，D 农村的公共文化设施相对匮乏，精神文化消费的空间媒介缺失，这也是农村精神文化建设面临的问题。

精神文化消费在人类的日常生活中占有重要地位，从历史梳理中可以看出，民俗文化的发展在农村有丰厚的土壤，其根植于农民群体的精神文化生活之中，也滋养农民群体的精神世界。随着生产水平的不断进步，经济的不断发展，农民的日常生活有了更多"闲暇"，这使得精神生活的丰富成为可能。但是，对手机内容的依赖一定程度上抑制了陇东文化在 D 村的传承与发展。传统文化如何在新的媒介环境下被传承，滋养农民的精神世界，这也值得进一步探究。以农民群体的精神文化建设为目标，对媒介内容的生产提出更高要求。

需要注意的是，媒介带来的物质与精神消费的统一，也有一定的负面影响。直播带货内容增多，成为村民闲暇时间的主要消费内容，这在一定程度上挤压了他们开展其他精神活动的时间。所以，农民群体的精神生活品质较低。他们可能受到直播带货主播的煽动、诱惑，引发冲动性消费，购买一些并不真正需要或超出自己经济承受能力的商品，这样的情况普遍存在。由此来看，还需要提高农民群体的网络媒介素养与理性消费理念。

第二节　新认同：媒介与消费驱动下的认同重构

农民群体身份认同机制的改变，也是媒介与消费互相建构的结果，媒介起到引领价值的作用，消费起到建构价值的作用。媒介接触与消费行为相互影响，共同作用于村民的现实生活，导致建构认同的多种要素发生了变化，比如参照群体、审美对象等。尤其对"80"后、"90"后群体来说，用于消费的收入与土地分离，个体生产、消费与再生产的各个环节均与土地脱节，媒介内容中也充斥着各种各样的村外世界，青年农民向往的生活场景已然发生变化。

一　变化中的农民群体

（一）"受众"与"消费者"的统一——生活者

生活者是博报堂生活综研提出的一个概念，生活者是用"完整"的视角看待人，人是生活在世界上的，"我们在作为消费者之前，就有着多重角色"①，消费是诸多生活内容的一个组成部分。传播学对受众的研究指向人的媒介使用行为，却忽视了这一行为背后丰富多样的生活图景。特别是在以农民群体的社会生活为基本情境时，这种局限性尤为明显。

农民群体的交往交流活动与消费行为在时间和空间上具有同一性，两者之间存在共生共变的关系。这意味着，他们的媒介使用不仅仅是一种信息获取或娱乐行为，更是与日常生活、社交活动、经济活动紧密相连的一部分。在互联网带来的变革环境中，这种共生关系被进一步凸显出来，媒介使用与消费生活的界限变得更加模糊，相互影响也更加深刻。

因此，使用"受众"或"消费者"其中任何一个概念，都无法以完整的视角观照农民群体。这两个概念都过于单一，无法涵盖农民群体在媒介使用与消费生活中的多元角色和复杂关系。为了更全面地理解农民群体，需要超越传统的受众或消费者视角，以更准确地把握媒介在农民生活中的实际作用和影响，以及他们在媒介化社会中的真实体验和需求。进一步透视农民群体身份认同、价值追求所经历的变革。

（二）游离于土地之外的农民

认同即"identity"，最早是哲学和逻辑学中的概念，identity本身既有认同的意思，也有身份的意思。有学者对这一词做出辨析，认为identity被译为"身份认同"更加准确，其本质意义为"同一性"。吉登斯认为认同具有可塑性，这种可塑性是借助外在因素来完成自我的建构。涂尔干认为，认同是一种被称为是"集体意识"的东西，是将一个共同体中的不同个人团结起

---

① 日本博报堂生活综合研究所:《生活者发想》，杜海清译，文汇出版社2012年版，第16页。

来的内在凝聚力。认同是作为农民获得社会尊重、从事生产劳动的内在驱动力，也是村民获得外界承认的来源，也就是涂尔干所说的"内在凝聚力"。对农民这一身份的认同，决定着农民的生产、生活，以及农民群体的发展。

费孝通在《乡土中国》里提到，城里人可以用土气来藐视乡下人，但"土"是他们的命根，土地在庄稼人的眼里具有神圣的地位。各地农村的村庙供奉土地爷，就反映了对土地的敬畏和尊重。"种地的人搬不动地，长在土地里的庄稼行动不得，等候庄稼的老农像半身插入了土地"，说明了土地与农民脉脉相通的关系。土地是农民的根本，也是农民身份认同的基础，农民与土地的关系是村民自我价值建构的重要因素。

然而，农民群体所处的环境已经发生变化，大量土地荒芜，农民赖以生存的物质基础只有脱离土地才能被满足。传统意义上农民"日出而作，日落而息"的生活模式已产生巨大改变，农民不再将土地作为赖以生存的基础。对于农民阶层来说，他们会在土地流转与农业现代化的支持之下，进一步缩短劳动时间，提升土地产出，通过对城市生活的模仿提升自己的消费水平①。对于像 D 村一样的农村来说，如果农民依靠耕地，面朝黄土背朝天，其自然条件与地域状况先天不足，只能"靠天吃饭"，生活水平与质量就会停滞不前，可以解决温饱，但子女教育等消费几乎为空白，更谈不上脱离贫困。现在，D 村的中青年外出打工，收入多元化，有些农户在土地里种一些土豆、扁豆，只是增加一点收入。YJP 家里耕种的几亩玉米，不够自家牛吃，养牛得从外面购买玉米。被访者 C 说，现在的年轻人，"一天就

---

① 张翼：《改革开放 40 年来中国的阶层结构变迁与消费升级》，《社会科学文摘》2018 年第 11 期。

挣一袋子面"。WCY 在朋友圈点赞并转发了附近村的快手红人的一段视频,视频内容为一段顺口溜:"坐在一起谝闲传,老人说话有预言,最长不过十多年,农村没人在种田,不信你朝农村看,农村老人占多半,50、60 年龄大,基本不见年轻娃,年轻人儿志向高,打工天涯在海角,年龄大了回家园,不知怎样去种田,最近几年很流行,买房买车都进城,外边打工虽然忙,干啥都比种田强,现在种田成本大,一年到头闲不下,打工虽然不多赚,一天能挣一袋面,以后谁去把地种,咱说了也不顶用,你不种,他不管,土地还得要流转!"该视频受到村民的广泛认同。从这一段内容当中也可以看出,农民的生产与生活是游离于土地之外的,农民自身对土地也存在担忧。调研中在与包村干部 WXA 交流时,D 村的 L 先生,60 多岁,承包了村里约20 亩土地,一年忙于耕种,但收益不多,他来找 WXA 是想在过年前领取国家的种粮补贴,以购买年货。他的身体状况不太好,问及为什么还种地时,WXA 说,"这么大年龄的人,也没有什么事情能做,只能靠种地还能挣点钱,补贴家用,村民种地实属生活所迫"。曾有学者预判农村耕地的未来,认为大规模集成化的耕地将取代个体小农经营,这一论断的合理性且不讨论,但就深处西北的 D 村来说,耕地难以集成化。WXA 与农民的说法一致:"梯田就那么大,又很零散,开进去连机器的油钱都挣不出来。"

(三) 社会网络结构的变化

1. 由紧到松的人际关系变化

人际关系是建构个体认同的途径之一,通过与他人的交往、交流获得自我概念,并在社会化的过程中不断调适。农民通过生产资料的消费与使用建构起紧密的人际关系网络,以土地为中心的小农经营在客观上需要村民互帮互助以降低生产风险，进而形成了互帮互助、互相依赖的交往格局。而近几年，年轻村民各自在外打工、营生，耕田不再是村民的首要维生手段。在精神文化消费层面，村里排大戏、耍社火等集体精神文化生活增进了村民之间交流。而现在，留守农村的中老年农民的物质消费与精神消费都以网络媒介为中心。维持紧密人际关系的物质与精神基础产生变化，村民的人际关系网络逐渐松散。

中国社会的人际关系有其复杂性，杨宜音认为，中国特有的"关系"（guanxi 而不是 relationship）作为一个敏锐性概念，有其方法论意义。梁漱溟认为中国人际关系是"关系本位"，费孝通提出的"差序格局"，胡先缙对中国人"面子与情感"的分析，许烺光的"情境中心"等，成为社会学者对中国关系研究的基础。翟学伟提出中国人际关系的"人缘、人情和人伦"三种因素，彭泗清提出的"示范—回应"模式等进一步发展了中国本土的"关系"概念。吴怀莲认为，农村的"业缘、地缘、血亲、趣缘与事缘"五种人际关系，比较全面地总结了农村人际关系的形式，还有较多学者基于亲缘、地缘特征进行理论拓展与思考。中国传统文化"家"的价值意义，使得人际关系主要以先赋性与准先赋性关系为主，还有一个维度是交往性——即由个体之间在互动中相互建立的情感、信任及义务[1]。社会学者以其丰富的社会研究基础加之人类学方法的使用，对中国本土人际关系的形式、内容有较系统的研究，但目前并没有将媒介作为"中介化"的因素考察进人际关系的变动，也没有把互联网突破时空界限的影响结果当作考察人际关

---

① 杨宜音：《试析人际关系及其分类——兼与黄光国先生商榷》，《社会学研究》1995 年第 5 期。

系的变化性因素①，李斯特尔等人提出，不应过分强调"新媒体"的技术特征，其重要特征在于"创造出了有关具体形象、身份/认同和群体之间的关系的新体验"②。当村民的交往突破面对面与地缘关系所限定的范围，以媒介建构社会现实成为一种既定事实时，利文斯通（Livingstong）提到媒介对日常生活与社会关系的塑造是一种"元过程（metaprocess）"③。

"一切技术都是肉体和神经系统增加力量和速度的延伸"④。媒介形态的更迭影响着人际交往。电话因其承载信息的方式，将人际交流拉回到口语交流，迭代了书信以文字与纸质组合的媒介形式。由于人类对效率的天然追求，使得"去中介"成为事物进化的驱动力。在媒介形态的进化过程中，更为直接、高效的媒介技术在其生产成本稳定后会被人们广泛接受，以承载信息的传输任务，满足人际交往的需要。

新的媒介技术在时间与空间层面不仅重新建构了人们对外界的认知，还重新定义了村民价值观念里的"远近亲疏"。"远亲不如近邻"是中国传统观念下人际关系实践中的典型表达，而在电话与网络发达的农村，他们与"远亲"的对话成为可能，也拉近了与远亲的关系。WHM 的外甥女在新疆工作，每半个月视频聊天一次，妹妹在珠海工作，平均每月视频一次，在她的微信聊天记录中，亲戚对话框的占比最大。但是，对于本村的

---

① 杨宜音：《关系化还是类别化：中国人"我们"概念形成的社会心理机制探讨》，《中国社会科学》2008 年第 4 期。

② ［英］格雷姆·伯顿：《媒体与社会：批判的视角》，史安斌主译，清华大学出版社 2007 年版，第 214 页。

③ Sonia Livingstone, On the Mediation of Everything: ICA Presidential Address 2008, Journal of Communication, 59（2009）1–18.

④ ［加拿大］马歇尔·麦克卢汉：《理解媒介：论人的延伸》，何道宽译，译林出版社 2011 年版，第 111 页。

近亲，因为矛盾或其他情况，既有关系较为疏远。在电话与网络不发达的情况下，某家若有娶聘生子、老人过世等大事，需要亲自上门拜访通知；而有了微信，减少了面对面交流的频率，有的甚至直接在家族微信群内通知。每户人家的独立性在增强，对亲属交往的筛选能力也在增强。媒介在一定程度上强化了村民亲属交往的选择性，并将先赋性的关系权力转移到家庭中。所以，"每一种形式的传输都不只是简单的搬运，而且涉及发讯者、收讯者和讯息的变换和转换，任何媒介的使用或人的延伸都改变着人际依存的模式"①。媒介重塑了母女之间的依赖关系，WHM 认为"以前回去一趟路上用时长，时间长了，我妈就会托人带话，让我回去看她，后来有了电话，我们每周至少通一次电话，现在有手机了，我妈想我就给我打视频，我虽然在 L 市带孙子，我妈也能看见我"。

被访者 D 说："上一次回家奔丧，看见几个和自己同龄的人，还有几个同村的年轻人，大家行色匆匆，各玩手机，仿佛感情都淡了许多。"可见，媒介在赋予个体亲友选择权力的同时也存在一定负面影响。

2. 消费活动影响下的信任边界重构

在网购出现之前，村民购物的主要渠道是村口超市、乡镇超市和县城商店。卖家是村民较为熟悉的同村人，有相对良好的信任关系。在县城商圈购物时，并不一定认识卖家，但村民认为"店大不欺客"，相对固定的地理位置与店面的可见性是村民建立消费信任的重要来源。俗语中"跑得了和尚跑不了庙"，体现出的是村民对这类商店的基本价值判断。购买大宗电器等

---

① ［加拿大］马歇尔·麦克卢汉：《理解媒介：论人的延伸》，何道宽译，译林出版社 2011 年版，第 111 页。

耐用品时,店主的推荐信息至关重要,面对面交流是买卖信任关系的基础。在村民购买衣服等小件物品时,周围伙伴或同村人是其购买决策的主要信任源。所以,在考察中,遇到好几家村民用同一种商品或穿同一款衣服的情况。

农村淘宝店的建立是农村由线下购物到线上购物的过渡形态,对村民消费信任关系的转变起到了非常重要的作用。自此,农民可以通过网络购买千里之外的大件物品,看到店面与店家的重要性在降低。即使有些村民不相信远处的店家,但有农村淘宝店作为中间因素,淘宝店与经营淘宝店的同村人给予了村民一定程度上的信任感。

后来,村民对微信的日常使用频率最高,微信成了他们社交和沟通的主要工具。基于微信蓬勃发展的"微商"模式广为传播,有个别村民开始尝试通过微商进行购物,也多基于人际关系较近的卖家,还未打破固有的信任圈。

近几年,村民自己使用拼多多等手机 App 购物,极大地拓宽了村民对外界的信任范围。例如,ZYW 也分享了她的购物网购经验,她说:"网上购物时,我感觉(评论)挺重要的,他差评多的话我就不买了,还有的就是人家评论可以发图片对吧,我感觉一件挺好的衣服,他发完评论的图片我一看就不想买了,不过现在人家也说刷好评的比较多,好评的话我就想着,假的好评一般都是文字型的,我就看那种有图片的,找一些图片对比一下。"这种评论和反馈机制,也说明了网络中的陌生人逐渐进入村民的信任圈内。WCY 在拼多多买烟,但收到货物后才发现被骗,盒子是空的,他非常着急,并向笔者咨询。笔者告诉他先拍照,留好证据,然后申请退款,并向他提供了在拼多多维权的方式。拼多多很快处理了他的退款申请,事情解决后,他非常开心。村民在使用网络购物过程中,也逐步建立起对互联网的信任。

随着购物渠道的更新换代，村民在消费活动中，不断建构起自己的信任体系。尤其是互联网和网购平台的发展，不仅拓宽了村民的购物渠道，更具有拓展村民信任边界的重要意义。

3. 网络环境下农民群体的新圈层

从媒介与消费生活的演进过程中，我们可以看出，媒介对农村生活的建构作用从村民接收信息开始，形成沟通场域，产生影响并改变着日常物质消费与精神消费行为。基于生产资料的共享与集体精神文化生活的共同作用，建构起村民的关系网络结构，这一结构网相对稳固。

集体与家庭场域的式微为个人场域充分发挥交流功能提供了足够的空间，村民以个人为中心展开人际交往，除基于互惠的工具性关系建构，趣缘群体进一步扩大且其互动频率上升，得到情感满足的程度加大，超越亲缘中心的人际关系网络，形成基于文化与兴趣的"朋友圈"。在传统的观念里，村民认为"有朋自远方来"是一种社会资本的体现，朋友越多越好，提起远方的朋友是"有面子的事情"，如提到谁家的亲戚"走得远"有见多识广、门户发达的隐喻。农民日常交往从生产导向转变为情感交流导向，链接人际关系的活动内容发生一定变化。村民卷入网络平台的同时，也具备了网络公众的身份。张明新等认为，网络参与中的公众关系，是一种松散的弱关系，没有高度的组织控制；兴趣小组和团体也具备象征性的集体标志和行为准则，尽管大多由公共议题建立起来的公众是临时的、分散的，具有很强的流动性，但可以提升公众身份自我实现的成就感。①

---

① 张明新、方飞：《媒介、关系与互动：理解互联网"公众"》，《现代传播》2021年第12期。

以手机为主体的媒介消费,将人际圈层扩展至虚拟世界的"陌生人"。彭兰提出,互联网改变了人与人的连接模式,形成以内容、社交为中心的互动模式。① HX 使用快手 App,以兴趣为中心构建了自己新的朋友圈。在国庆节期间与快手朋友相约一起吃饭,与新朋友的交往从线上互动延伸至线下互动。WCY是秦腔和歌曲爱好者,通过全民 K 歌,也建立了新的朋友圈。村民的交往模式突破了固有的农村人际关系圈。

网络媒介环境对农民群体的冲击体现在很多层面,当然也存在负面影响。有村民提到:"周围有些村民在社交媒体上交友、交往,致使夫妻隔阂,影响了婚姻稳定。"村民的人际交往打破固有社交圈,丰富了日常生活的同时,也出现一些问题。农民群体怎样在纷繁复杂的网络环境下形成新的交往规范,是值得进一步探讨的问题。

二　媒介与消费驱动下的认同建构

上文中分析了当下农民认同基础发生的变化,而对于"50"后、"60"后来说,虽然也在打工补贴家用,但这一群体年轻力壮时,正值包产到户开始后土地生产的第二个黄金期,对自己所耕之地有深厚的情感。生于斯,长于斯。所以,他们对农民身份的认同程度高于"80"后、"90"后。

更为重要的是,农民群体的身份认同与媒介使用、消费活动存在着紧密的关联。在传统与现代、本土与外界的交织影响下,电视、网络等技术媒介,不仅为村民提供了了解外部世界的窗口,使得村民能够接触到外部世界的多元信息与生活方式。就连家庭、市集等空间媒介与关键人等媒介,也能促进村民在

---

① 彭兰:《连接与反连接:互联网法则的摇摆》,《国际新闻界》2019 年第 2 期。

社会网络互动中不断寻求、建构自我认同。

近年来，随着城镇化建设的不断推进，不仅县城对村民包容度得到了显著提升，村民个体经济状况也在逐步改善。这些变化不仅为村民提供了更为丰富的物质与文化资源，也促进了他们生活方式的转变。在这个过程中，村民的消费观念、生活习性与社交方式都在悄然发生变化，他们开始更加积极地融入外部世界，寻求更广阔的发展机遇与自我实现的空间。

在此背景下，村民走出去的主观意愿与客观条件都得到了前所未有的增强。他们不再仅仅满足于传统的农耕生活，而是开始向往并追求更加多元化、现代化的生活方式。

（一）媒介引领

媒介是重塑农民群体认同机制的重要因素和工具。它不仅传递着外部世界的多元信息与价值观，影响着农民的认知与行为，还在农民个体的自我认同过程中，与亲缘关系等本土因素相互交织，共同塑造着他们的认同。有学者认为，媒介为受众提供自我形构的资源，使之跳脱出既有的位置及角色的局限，个体的反身性建构越来越脱离时空脉络，媒介"消费精英"空间通过引领消费时尚，为目标受众的自我表达提供了重要的参考体系，也为非主流目标受众提供了效仿的信息平台。[①] 研究人员跟随 HX 到 Z 镇学校附近的出租屋中，看到墙上张贴着豪车别墅的图片，她说那是自己梦想中的生活。经媒介建构出的"消费精英"的想象具有一种引领作用，在农村也有所体现。

互联网与手机媒介将农民群体收编到全球化的价值体系中，而在此意义上的农民群体的精神文化生活，与城市人群之间的

---

① 周娟：《"消费精英"空间生产：权力场域中的媒介拟态消费》，博士学位论文，武汉大学，2010 年，第 102 页。

差别值得讨论。城市人群与农村人群在精神文化生活层面上的区别,印证了本研究中空间媒介对精神文化生活建构作用的观点,就从"广场"这一空间媒介对"广场舞"娱乐形式的承载,可以看出农村生活与城市生活在精神文化方面的差异。

(二) 消费塑造

从社会学意义考量,消费不仅仅是经济活动,更是社会文化内容,是人们用于确认身份和找到群体归属的方式。正如王宁所说,消费既是用于建构认同的原材料,又是认同的体现和表达。[①] 程毅将西方社会学学者对消费与认同的关系进行总结,其观点为:认同指导消费,消费建构并体现认同。[②] 消费与认同的关系显见于个体日常行为中,村民通过对物品的选取、使用,进而完成对自我身份的确认,从农民群体的消费方式、内容与价值观念都可以探寻到其身份认同机制的变化。

年轻村民的物质消费正在从半自给自足过渡到完全向外购买。他们不再满足于仅仅通过自身生产来满足生活需求,而是积极地通过市场购买来提升生活质量。这种消费行为的变化不仅是经济条件改善的体现,也表明了年轻村民对现代生活方式的认同。此外,年轻村民通过消费来展示自我身份和价值观,他们更倾向于购买能够彰显个性和品位的商品,从而在群体中找到认同感。消费行为不仅是经济活动,更是文化和社会身份认同的重要方式。通过对农民群体,尤其是年轻村民消费行为的观察,更能发现消费对村民认同的建构作用。

---

① 王宁:《消费社会学:一个分析的视角》,社会科学文献出版社 2001 年版,第 93 页。

② 程毅:《大学生消费与认同:构建基于家庭收入水平差异的比较分析》,《云南民族大学学报》(哲学社会科学版) 2015 年第 1 期。

（三）认同变化

农民的日常生活实践是媒介与消费相互建构的结果，这一过程驱动村民最深刻的变化就在于对农民这一身份认同的解构。

首先，土地不再是农民生产与消费的核心存在。农民与土地的关系发生了变化，农民的生活也不再围绕土地展开。这是导致村民认同结构产生变化的根本性原因。

其次，在媒介的影响下，农民的参照群体产生了巨大的变化。媒介重构了村民的认知系统，改变了村民对自我以及他人的认知，影响了村民的交往观念与价值取向。农村社区的原始状态是血缘与地缘合一[①]，同一地域空间是关系形成的前提条件，村民的价值取向主要受到地缘关系人群的影响。互联网与传统媒介、社会情境的互嵌，村民的参照群体不仅存在于近距离的日常交往实践中，还存在于远距离通过互联网沟通的人群，抑或是通过媒介产生的对外部世界的想象中。参照群体在态度形成过程中具有规范的功能，用以进行社会比较，通过比较影响个体的观念和态度，[②] 这也是造成村民认同结构产生变化的关键因素。互联网对农民群体的影响，还在于其媒介内容重新塑造着农民的审美旨趣与价值观念。村民在自我认同建构的过程中，突破周围村民的参照对象，将网络媒介形象作为自我形塑的标准。MHX 在拍快手视频之前，都要认真化妆，妆容风格是典型的当下网红美女形象：肤白，大眼，流行的韩式半永久眉形，以及当下流行的口红色号，加上快手模板的滤镜与音

---

① 费孝通：《乡土中国》，人民出版社 2008 年版，第 56 页。
② 乐国安、汪新建主编：《社会心理学理论与体系》，北京师范大学出版社 2011 年版，第 89 页。

乐,已然看不出任何农村的气息,而这样的形象是村里年轻人都喜欢的。HX在快手视频中的形象,也趋于网络美女的流行装扮。

最后,村民对未来生活的期待也以城市为基础建构。尤其像D村这类距县城较近的农村,生活更加现代化。在调研中发现,村民普遍希望居住在县城里的楼房,也能从此窥见村民对自我的要求与对未来的期待。村民对自身的认同还来自他人对自己的肯定。对于D村村民来说,农村的生活模式已逐渐远离其认同范围。培养孩子上大学,是村民获得外界肯定的主要来源。而考上大学的目的就是离开农村,到更好的城市发展,这就是村民价值观念里的"拔穷根"。对于个别不能在城市立足的年轻人,即使有回到农村的想法,也迫于周围村民的舆论压力,不得不选择在城市生活。

在农村,社会认同机制还取决于代际差异与家庭权力关系。通过对两位生活在城市的D村年轻村民进行深度访谈,发现父辈价值观念在其职业选择与未来规划中产生决定性影响。贺雪峰提出基于村庄共同体的界定由三种边界构成:一是自然边界,二是社会边界,三是文化边界。[①] 在D村,一方面,村民向外流动不断拓展其自然边界;另一方面,认同价值观念不断被重构,导致社会边界也不断被拓展,村庄共同体结构也因此受到挑战。村民在信息摄入、消费导向、价值选择等多个层面都在脱离农民这一身份。村民有无归属感,从哪里获得归属感,似乎成为新的问题。

---

① 李培林:《李培林自选集》,学习出版社2009年版,第315页。

三 "80"后、"90"后"新"农民

常居住于 D 村的村民，年龄阶段在"50"后、"60"后的中老年人居多，大部分"70"后、"80"后、"90"后村民都长期在外求学、工作，甚至定居，只有过年过节回到家中，生活逐渐脱离 D 村。而留在 D 村的少部分中青年，从事种植养殖业的同时也多在外打工，有交通运输、电焊工、包工程等，这一群体未离开农村，却与"50"后、"60"后农民有诸多不同，主要表现在以下几个方面。

（一）消费方式

对饮食的消费更能体现农民群体的代际差异。年轻女性向外购买日常饮食的频率明显高于老一辈人，体现出新一代农民在消费和生活方式上的新取向。与老一辈村民"春种冬藏"的消费方式不同，年轻人的生活物资主要依赖向外购买，如日常饮食中的蔬菜、瓜果、面食等。HX 家的蔬菜主要依靠购买，即使在夏季，各家各户都种植蔬菜的时节，她也会选择向外购买。年轻女性还未能习得制作面食的技巧。MHX 认为因为自己蒸的馍馍不够好，所以多从外面买。年轻人较少精通腌菜、蒸馍、炸油果子这些西北传统饮食的制作技巧，因此，这些特色饮食也正在消失。

（二）生活模式

城乡生活的区别在于职业、收入来源、消费等层面，对于生活在 D 村的"80"后、"90"后村民来说，农村种植、养殖业只是收入来源之一。D 村距离县城约 15 分钟车程，有的年轻村民在县城找一份工作，每日通勤。深度调研的 9 个家庭中，其中 3 个家庭属于这种模式。D 村有 200 多农户在县城买房，对于村民来说，在县城买房的主要动力是县城有较好的教育资源，尤

其 H 县一中、二中的升学率相当可观。在观念层面，村民认为在县城买房是"有本事"的表现，即使现在没有买房的打算，也在存钱，伺机购买。HX 说："现在城里的楼房好多不都是什么定期（贷款）什么的，先放一部分钱每个月再打一点都是这样的嘛，我以后也想这样，想是这么想着也不知道以后怎样。"此外，村里为数不多的年轻人在积极搞养殖产业，加入国家扶贫的规划当中，获利颇多。农村生活成本低，近几年政策利好，村民逐渐意识到农村的家不能丢弃，所以其生活状态介于农村和城市之间。

（三）思想观念

相较于年纪较长的村民，村里的年轻人思想观念相对开放，思维活跃，接受新事物的能力强。包村干部 WXA 提到，村委会鼓励村民参与国家扶贫产业，年轻村民积极响应，且配合程度高，他们不但善于分析村干部提供的信息，还能从网络搜集资料，积极争取乡镇、村委的支持。ZYW 家养殖了 20 头安格斯牛，除了政府给予的正常补贴，扶贫单位资助养牛户 10 万元，这已高于养牛本身的利润。目前为止，虽然安格斯牛的项目还未见明显收益，但从长远看，这对调整生活观念都有积极的影响。

（四）文化传承

"80"后、"90"后年轻村民对皮影、小调等陇东文化内容消费甚少，在他们的审美视域里，传统陇东文化内容也几近消失。村里曾经的耍社火、唱大戏、看皮影等活动，也只存在于他们儿时的记忆中。GJQ 说："村里的讲究是过年唱大戏唱到正月十七，现在的年轻人，初六就都走完了，没人了，也热闹不起来。"在深度接触的 5 位年轻人中，平日里的消遣是看剧、刷快手，就快手内容来说，与老年人所看的快手内容也有较大区别。ZYW 与笔者畅聊《陈情令》的剧情，讨论更喜欢肖战还是王一博的问题。村民日常的兴趣爱好，其审美旨趣与农村本土文化相去甚远。在村口小卖部里，经常看到40岁左右的年轻人玩麻将，年轻人日常消遣的旨趣里已无陇东文化的趣味与风雅。

第三节　新实践：消费中的农民主体性建构

一　面向日常生活的媒介使用与消费实践

通过人的行动，探究行动所产生的意义，将意义抽象为村民的生活观念，再探究观念对行为的影响。从这个意义上讲，媒介与消费"生产"着日常生活，日常生活又"再生产"或推动着消费需求与媒介使用。

关于日常生活的研究，其出场就带有哲学思辨的意味。马克思将日常生活实践指向人类社会生存发展的本身，并批判了劳动对日常生活的异化。海德格尔视日常生活为琐碎与平庸，人在日常生活的琐碎与平庸中会导致个体的异化。列斐伏尔也从不同角度对日常生活作出论述。西方文化理论批评也对日常生活的意义进行研究。通过考察日常生活的存在形态，文化研究者从阶级、种族、性别等角度分析日常生活的复杂性。从权力的角度看，日常生活决定着文化意义的生产，并由此肯定了大众文化活动中消费者"自下而上"的主动性权力运作。[①] 日常生活为消费研究提供了全面视角。农民群体的日常生活是由各种消费需求驱动的，特别是在村民解决了温饱问题，不断迈向小康生活的过程中，农民的生活水平不断提升，村民的消费需求也在不断升级。其中，媒介是重要的驱动因素。村民的日常

---

① 金玉萍：《日常生活实践中的电视使用——托台村维吾尔族受众研究》，博士学位论文，复旦大学，2010年，第63页。

生活在媒介与消费的相互影响下不断被整合起来，媒介、消费与日常生活相生相伴。

在农村的日常生活中，村民们通过面对面的交流和经验共享，建立起紧密的社会联系和信任关系。与此同时，广播、电视、手机等技术载体在不同历史阶段发挥着不同的作用，也在改变重塑着人们的交往模式和社会结构。人与空间、技术载体相互制衡和叠加，在共生共变的基础上生成新的意义。消费行为不仅能满足物质需求，还建构了文化传播、社会交往和身份认同。通过不同媒介的互动与融合，农村社会中的消费环境得以不断发展和完善。

二　媒介中的消费——农民主体性的凸显

面向村民日常生活的研究，将村民日常生活作为考察重点，将农民作为社会行动的主体，突出其在媒介使用与消费活动中的主体性。主体性是主体在对相信活动中本质力量的外化，能动地改造客体、影响客体、控制客体，使客体为主体服务的特性。[1] 王春光认为，所谓农民的主体性，就是在经济、社会、政治、文化等方面都有主导权、参与权、表达权、受益权和消费权等。[2] 本研究关注农民的主体性，农民作为生活者的身份在研究中得以凸显。以村民作为主体，就是突出其社会参与中的能动性。尽管在现代化进程中，农民群体受到诸多外界因素的影响，所谓先进的生活方式与思想观念并不是以村民为主体建构起来的，但村民在对其消化的过程中，建构了自身的主体性。

---

[1] 王玉樑:《论主体性的基本内涵与特点》,《天府新论》1995 年第 6 期。

[2] 王春光:《关于乡村振兴中农民主体性问题的思考》,《社会发展研究》2018 年第 5 期。

（一）基于物质消费的表达

个体通过物质消费,不仅建构了生活的各个层面,还通过所消费的物品彰显自我与个性。这一观点在鲍德里亚对马克思物品使用价值理论的重新审视中得到了深化。鲍德里亚将物品赋予了符号功能,进而提出消费被符号异化的观点,这是物质消费表达个体的内在逻辑。换言之,消费活动通过符号的建构完成了个体表达的功能与意义,人们在消费中不仅满足了物质需求,更在无形中传递着个人的身份、品位和价值观。

然而,从对 D 村的考察情况来看,将物质消费品作为一种表达方式,通过商品的物质符号功能来彰显自我的情况还相对较少。对物质消费的选择与形成的观念,形成了符合村民自身的消费价值体系。

一是村民的消费多以满足基本生活需求为目的。从村民的品牌观念中也可以看出,物质消费对于他们的意义主要在于满足生活的基本需求,而不是符号性和自我彰显的工具。尽管"80"后"90"后村民具有一定的符号消费意识,但家庭为导向的消费决策机制使他们的消费选择处在一定的合理范围之内。例如,D 村有家庭购买汽车,但村民对于汽车的品牌没有特定要求。MHX 家选择了一辆东风牌的越野车,原因是她老公认识这个品牌的人;GJQ 与 YJP 家的车都是载人的七座车,分别从实用角度出发,用于磨面厂拉货和闲暇之余载客挣钱。村民的经济能力有限,难以承担更多具有象征意义的物质消费。与城市消费者通过消费符号建构自身品位相比,大部分村民有其作为"农民"身份的消费习惯。

二是村民高层次的需求聚焦于自身的发展。当问及什么事情能让自己觉得"有面子"时,几乎每个村民的回答都是"家中的孩子考上大学"。还有部分村民在新媒介,如手机、电脑等使用技能的获得中显示出自豪感。在村民的价值观念中，教育、发展成就被视为更高层次的荣誉。物质消费需要转化为更崇高的精神目标才是村民彰显自己价值的正确方式。教育与发展也在一定程度上合理化了村民的物质消费。为孩子上学在县城买房，几乎是所有村民的追求。村民在外界影响与自我价值观念的相互协调中，彰显出自身的主体性。

（二）基于精神消费的表达

在现阶段，D村村民的物质消费层面还未形成明显的符号化与消费主义倾向，用以表达自我的消费集中在精神层面。在对D村精神文化生活史梳理的过程中，"接受"与"表达"是一对相互转化且贯穿始终的脉络。

被访者C经历了在讲古事活动中，从听者到讲述者的身份变化。这一过程是村民对其学识与经历的肯定。听众的多寡也是评判内容输出品质的重要指标。当提起有些村里的老者都来听他讲述时，内在的自豪感溢于言表。唱戏是D村村民的集体爱好，而能登上戏台成为演员为大家唱戏，是村民羡慕的。所以，村里会唱戏的年轻人被公认为是"能人"。GJZ的孙女被中央电视台《中国梦想秀》节目组作为嘉宾邀请到北京参加节目，为村里众人所称道。

通过媒介进行"表达"是村民的价值观念里值得肯定且推崇的事，这是"媒介赋权"的内涵化表现。在传统媒介环境下，表达属于少数人，而手机等新媒介的兴起，让更多人从"接受主体"转化为"表达主体"。只要有手机，村民就可以向外界展示自己的观点。当然，其中也存在表达泛滥的情况，例如对于H女士所拍的视频，G先生的评价并不正面。L先生说："他（另一个村民）拍的东西没人看，没意思，我就喜欢看些书法作品、字画的视频。"村民也在精神消费的表达浪潮中有了新的评判标准,生成新的审美旨趣,消费媒介内容的同时又完成了媒介内容的生产与再生产。

媒介在赋予村民表达权利的同时,作为受众的农民本身也是媒介,他们在网络空间的信息传播行为,不仅是观点和价值观的展现,也是型塑社会权力的重要源头。① 农民群体从媒介信息接受主体转化为表达主体的过程中,也是农民群体从媒介消费主体到生产主体的过渡。正是因为媒介的赋权,农民在消费活动中的主体性得到凸显。

综上所述,村民的日常生活实践是媒介与消费互构的结果,在媒介与消费双重建构的作用下,村民身份的认同也随之发生变化。消费方式作为一种可见的结果,也是影响日常行为和深层次观念的诱因,而不同媒介在农村社会的入场与出场,不断型构着农村的日常生活。

三 农村消费文化的价值显现与未来考量

(一)亟待挖掘的"土味"魅力及其价值

费孝通先生指出农村文化中的"土味",有其独特的魅力,是朴实的、充满人情味的,村民靠墙相处在一起"谝闲传",既有人际交往之"度",也有沟通中的语言智慧。村里人有他们待人接物的讲究,体现着人性之间的真、善与美。然而,这种朴实无华又极具魅力的农村文化不但没有得到传播,甚至在被快餐式网络文化所消解。

某些网络平台中对农村文化展现非常片面,只是流于农村的表象,加上吸引眼球的夸张手法,甚至被贴上"低俗"的标签。虽然短视频平台增加了村民表达自我的渠道,但真正有质

---

① 蒋建国:《媒介消费文化:科学视野与研究进路》,《消费经济》2009年第1期。

量的内容却不多。有些内容展现了农村生活并迅速走红网络，例如李子柒的短视频，还被视为文化输出的典型案例农村，但其视频仍存在刻意美化的问题。有部分综艺娱乐节目如《向往的生活》，展现的是城市人走入农村的生活场景，这在一定程度上证明了农村生活的魅力。农村在内容建构、文化输出方面还有非常大的发展空间。走访中，在三个家庭中看到了拍摄视频的道具，可见其拍摄频率较高，但同村人对其中两个人拍摄的视频极度不认可。短视频平台怎样传递农村文化，传递属于农民"土味"的魅力，并让大众认识真实的农村，这是农民群体认同问题的关键环节。

（二）正向精神消费对庸俗物质消费的修正

在对 D 村精神文化生活的挖掘中，崇文精神是贯穿始终，也是研究过程中感到惊喜的一块内容。在 GJX 家中看到他近期收集的书法作品，身为"读书人"，笔者在书法上的见地并没有这位农民朋友多，距离上次欣赏书法作品也有五六年时间，在 D 村这样风雅韵事的频率远高于笔者所处的城市、学校。几位村民喝酒、谝闲传中"吹牛"时会提到曾经收集了哪些书画作品，对其真正懂得还是附庸风雅且不作评判，这样的志趣爱好无疑是对精神的滋养。此外，D 村人几代人重教育，用于教育、培养人才的消费占比甚高，很少看到攀比钱财与消费品牌的行为，即使有个别，也在消费观念的规制作用中受到排斥。有学者探讨西北农村盛行高价彩礼，笔者在研究过程中也听说西北部分农村有此情况，但在 D 村，这样的情况非常少，村民用于交往的礼钱也在村民能接受的范围内。随着收入的增加，涨幅合理，这与农村崇文的观念也不无关系。由此看来，正向精神对庸俗的物质消费有一定的矫正作用。

村民对教育的追求无疑是一种正向精神文化，但过度的追求,也会存在一定负面影响。村里几代人的共同追求都是读书,在消费方面虽然没有直接表现为对教育的铺张浪费,但也产生了不同程度的攀比,H 县的房价居高不下一部分原因就是受到周围村民教育消费观念的影响。而由陪读产生的家庭成员分离问题、夫妻关系问题也已成为新的社会隐患。这与大城市学区房的畸形发展相同,有其病态的一面。消费价值单一化的结果是走向极端。综观人类的消费历史,有闲阶级与奢侈品的关系也在于身份、地位追求的单一价值观念,这是消费被异化为消费主义的内在原因。此外,从村民个体的角度看,自我价值存在缺失,村民将自我的追求建立在子女身上,高考成功学、高考定人生这样的片面观念,为子女造成的思想压力也是一种社会隐患。

(三)个人场域居于主导地位的消费增长

如今,村民交往与交流的场域具有突出的个人化倾向。村民在以自身建构的个体场域中,物质与精神需求均能得到满足。

物质消费与精神消费的关系是本研究观照的重要问题。整体来看,D 村物质消费并不发达,精神文化生活是随着物质消费的充裕渐趋衰落的,这两者之间有联系,且关联极大。物质消费并不能直接为个体带来精神层面的消遣,但如果物质消费附着了审美意义和旨趣,也可以达到精神消费的目的。手机媒介的兴起虽然充分增加了村民个人的消费频率,但村里传统的精神文化生活大多是基于集体,对时间、空间的要求较高,如果个人随时随地可以进行精神消遣,对集体的文化活动欲求也会降低。就手机而言,村民喜欢的快手平台,满足精神文化消费的同时,又观赏直播带货,精神消遣在时间与审美层面被挤压,村民的物质消费及相关审美趋于泛滥,随之可能产生的符号消费、过度消费、超额消费也应被重视。

四 农村青年的抉择：离开与回归

国家在 2017 年中央农村工作会议中首次提出，"让农业成为有奔头的产业，让农民成为有吸引力的职业，让农村成为安居乐业的美丽家园"。按照实施乡村振兴战略的时间表，2020 年是国家实施乡村振兴战略的开局之年。类似 D 村这样的西北农村，自然条件有限，农业发展没有优势，产业发展利好还未凸显，发展前景不明朗。人，是农村发展的关键，农村发展过程中应怎样留住年轻人，让年轻人在农村实现自我价值，这是一个重要命题。

"近几年农村的政策好"，这是 D 村村民的共识，脱贫政策的实施，政府为扶持村民发展提供了金融、产业等资源。但如今，村里的中青年少，制约了产业发展，种植业、畜牧业都面临劳动力少的困境。在各种媒介信息与消费观念的不断影响下，村民的认同体系确实发生了变化。仅从教育消费层面，农村环境都不能满足其需求，谈何更舒适的生活。

在访谈中有村民提到，虽然大家觉得"走出去"的人很有面子，但面临城市房价高，找对象难的问题，离开并不是很好的人生选择。有个别年轻人顶着舆论压力回到农村，但回到农村也需要"头脑灵活"，不仅需要熟悉国家政策，运用国家的政策，还需要分析自身的优势，才能过得下去。村口超市的老板 WL，与政府合作开设农村电商，帮村民代卖农产品，模式很好，但也遇到农产品价格不稳定的问题，没有得到持续发展。加上 WL 一个人既要照顾生意又要接送孩子上学，精力欠缺。她认为，要想让农产品销售持续发展，应该利用快手平台，建立网红带货的模式。但当下，D 村的这一类资源还很欠缺。

文化也是吸引青年回归的重要因素，但上文中也提到，D 村传统的精神文化消费几近消失，原本属于村里独有的节日仪式感也在消失，村民还处于"闲暇无意义"的境地。对手机娱乐的依赖是问题所在，本属于农村的文化魅力渐趋没落。正如被访者 D 在 2016 年所写的散文，回忆了 D 村过年"抢集"的风俗，其中有他对 D 村民俗活动流失的描述：

> 今年腊月二十九我也带妻女赶了"抢集"，但街面上再也没有那么多的人，人们都是匆匆而来，买好东西，又匆匆而去。我站在空旷的老街上，忽然有一种莫名的失落感。我想，大概是现在人们都酒足饭饱，不愿意也没心情去赶个热闹了，或者可能是年轻人都出远门了，远嫁的、务工的、在外成家立业的，逢年过节因为各种各样原因回不了家，家里就只剩下两个风烛残年的老人对灯孤守，向隅而泣，哪还有什么心境去逛街买东西呢。

研究试图观照中国农村现代化的问题。互联网加剧了农村社会的变革，推动了农村消费方式与文化革新，消费形式与内容层面也发生了巨大变化。媒介与消费深度嵌入社会情境中，以一种结构化的形态作用于农村社会发展的多个层面，勾连村民从认知、态度、价值观念等，对农村社会关系的维持、建构都具有重要影响。

尼葛洛庞蒂认为，在后信息时代（post information age），从大众传播到窄播，信息已经变得极端个人化①，导致了社会中人的"原子化"。在个人场域主导的媒介场域中，信息的共享现实

---

① ［美］尼古拉·尼葛洛庞蒂：《数字化生存》，胡泳、范海燕译，海南出版社1997 年版，第 3 页。

性降低，关系建构已发生诸多转变。村民自我观念的形成脱嵌于周围人之中，原有社会关系的影响正在减弱。个人场域崛起，使村民聚在一起的行动也失去了交流的意义，这也是远在外地的游子不愿回村的原因。梅洛维茨认为，我们每个人都是通过与他人的关系来获得自我的观念，这一事实加强了以表达和印象为基础的社会交往的稳定性。① 然而，目前社会交往的稳定性受到挑战，变动性凸显，这或许已成农村现代化进程中面临的新问题。交往稳定性能够维持农村关系结构，村民之间的深层关系影响着村民的社会生活与生产生活，良好关系的维持与人情羁绊是吸引村民经营农村事业的重要因素，对农村人文环境的建构具有重要意义。农村家庭独立、人际关系松散、个人场域发达的问题还有待进一步探讨。

互联网导致村民消费模式产生的根本性变革，即如何在日常生活实践中创造新的稳定性，开拓出适应新时代的生产与消费模式，还需要更多研究。

---

① ［美］约书亚·梅洛维茨:《消失的地域——电子媒介对社会行为的影响》，肖志军译，清华大学出版社 2002 年版，第 113 页。

附 录

附录一 深度调研家庭基本情况表

家庭编码	主要联络人编码	人均年收入	收入来源	耕地面积	养殖情况	有无车	住房面积	家庭成员	方法实施			
									深度访谈	参与观察	网络观察	消费账单追踪
1	GJQ	7000 元	磨面厂，耕地	7 亩	2 头猪 10 只鸡	有	250 平方米	妻子、母亲、儿子在 L 市打工	√	√	√	√
2	MHX	6000 元	丈夫外出务工	10 亩	/	有	300 平方米	公公、丈夫、三个孩子（两个女儿一个儿子）	√	√	√	√

续表

家庭编码	主要联络人编码	人均年收入	收入来源	耕地面积	养殖情况	有无车	住房面积	家庭成员	方法实施			
									深度访谈	参与观察	网络观察	消费账单追踪
3	ZYW	7500元	丈夫外出务工、养牛、种地	20亩	34头牛	有	300平方米	公婆、丈夫、叔叔、奶奶、三个孩子	√	√	√	√
4	HX	6000元	丈夫外出务工、公公养牛	/	8头牛	无	150平方米	公公、丈夫（在外打工）四个孩子（三个女儿，一个儿子）	√	√	√	/
5	GJH	6000元	耕地、村支书	10亩	/	无	200平方米	父亲、妻子、女儿	√	√	√	/
6	WX	6500元	外出打零工	10亩	/	有	350平方米	妻子、父母、三个女儿均外出务工	√	√	√	/
7	YJP	7000元	养牛、丈夫开微客车	15亩	20头牛	有	200平方米	丈夫、婆婆、两个儿子在打工	√	√	√	√
8	WCY	6500元	种地、养殖	30亩	10头牛	有	180平方米	父亲、妻子、两个女儿，一个儿子均在L市打工	√	√	√	/
9	WHP	2000元	政府低保供养	10亩	/	无	100平方米	儿子、女儿（上大学）	√	√	/	/

附录二 家庭观察类目表示例（1号家庭）

表一

家庭情况表

户主姓名	年龄	教育程度	家庭住址	联系方式	家庭年收入	主要家庭成员			主要收入来源
						姓名	年龄	教育程度	
GJQ	54	初中	D村18号	1509577××××	3万—5万	WHM（妻子）	52	初中	磨面坊、猪食槽、种地（玉米、土豆）
						GH（儿子）	28	大专	
						LXX（母亲）	87	未受教育	

表二

家庭物品观察类目表

媒介		有/无	数量	品牌	价格	购买年份	购买渠道	是否闲置	是否联网	日常观看内容
	电视	有	2	TCL王牌	1600元	1998	县城	否	否	电视剧、新闻《朝闻天下》
	收音机	无	/	长虹	500元	2001	/	/	/	/

附　录 ／ 179

续表

		有/无	数量	品牌	价格	购买年份	购买渠道	是否闲置	是否联网	日常观看内容
媒介	VCD DVD	有	2	创维 PANDA	280元 380元	1998	县城	否	/	/
	电脑	有	1	清华同方	记不清	约2010	他人赠送	是	是	QQ、网页
	手机	有	2	华为 三星	/	/	他人赠送的二手手机	否	是	微信、快手、火山小视频
	其他	无								/

		有/无	数量	品牌	价格	购买年份	购买渠道	是否闲置	自动/手动	
家用 电器	冰箱	有	2	海尔 三洋飞鹿	1300元 2200元	2009	县城	否	自动	/
	洗衣机	有	2	牡丹 海信	400元 860元	2009 2018	县城	否	半自动	/
	电风扇	无	/	/	/	/	/	/	/	/
	热水器	有	1	北大高科	3600元	2014	政府安排厂家直销	否	/	/
	油烟机换气扇	有	1	未知	600元	2010	政府统一安装	否	/	/
	煤气灶 沼气灶	有	1	润美	无	2010	政府统一安装	否	/	/
	电磁炉	无	/	/	/	/	/	/	/	/

续表

		有/无	数量	品牌	价格	购买年份	购买渠道	是否闲置	自动/手动	
家用电器	微波炉	有	1	格兰仕	不清楚	2015	儿子购买	否	/	/
	电饭锅	有	2	未知	130元	2006	/	否	/	/
	电热锅	有	1	未知	160元	2009	/	否	/	/
	其他				记不清	记不清					/
		有/无	数量	品牌	价格	购买年份	购买渠道	是否闲置		
生活用品	洗发水	有	1	海乙丝(梦露维丝)	10元	2016	村口超市	是		
	护发素	有	1	蒂睿	8元	2015	村口超市	是		
	沐浴露	无	/	/	/	/	/	是		
	牙膏	有	1	独一味	4元	近期	村口超市	否		
	洗衣粉	无	/	/	/	/	/	/		
	洗衣液	有	1	家家宜	24.5元	近期	村口超市	否		
	香皂	有	1	舒肤佳	5元	近期	村口超市	否		
	肥皂	有	1	雕牌	4元	近期	村口超市	否		
	洗手液	有	1	奥诗兰	8—12元	近期	村口超市	否		

续表

	有/无	数量	品牌	价格	购买年份	购买渠道	是否闲置	购买原因等其他信息
生活用品	护肤品	有	1	百雀羚保湿润乳	不清楚	2018年国庆	儿子在网上购买	是	
			1	百雀羚面霜	不清楚	2018年国庆	儿子在网上购买	是	
			1	隆力奇护手霜	不清楚	2018年国庆	儿子在网上购买	是	
			1	韩丽雅面霜	不清楚	2018年国庆	儿子在网上购买	是	
			1	丁家宜面霜	不清楚	2018年国庆	儿子在网上购买	是	
	化妆品	无	/		/	/	/	/	
	洗洁精	有	1	家家宜	8元	近期	村口超市	/	
	其他					菲诺蒙头发再生液、曼秀雷敦男士剃须泡沫儿子购买、儿子用			

衣服（最近）		品牌	购买渠道	价格	购买年份	购买原因等其他信息
	1	雯瑶	H县火狐狸服装批发城	59—69元	2018	见亲家

交通工具		类别	品牌	价格	购买年份	购买原因等其他信息
	1	汽车	东风小康	3万元	2015	面包车载人多，便宜
	2	自行车	金狮	220元左右	1993	轻巧方便

附录三　民族志日记摘记——GJQ 家的喜事

获知"家有喜事":2019 年 8 月 25 日,星期日。与我们熟悉的被访者 E 夫妇,不用上班,都有时间。我们一早约定再次到 D 村碰面,这次由被访者 E 夫妇带领,目的地是 GJQ 家。上午 11 点,到达 D 村,随后进入 GJQ 家,大门是敞开的,GJQ 和 WHM 都不在,院子非常整洁。一开始我们有点拘谨,对房子特别好奇,四处看看,发现了房檐下的无线路由器和摄像头。GJQ 家很先进,还有摄像头呢。再四处看看,发现了 GJQ 放在外面的买东西的箱子,上面写着"网红梳妆台",一下引起了我们的好奇心。过了一会儿,GJQ 与 WHM 回来了,我们喝茶聊天,GJQ 对我们表示非常欢迎。第一次聊天并未展开访谈,算是被访者 E 夫妇将我们引荐给 GJQ,GJQ 与 WHM 说的 H 县方言,这对我来说,第一时间完全反应过来还有些难度,被访者 E 的爱人在旁边尽力翻译。在西厢房里看见了婚礼用的糖盒,是 WHM 这几天在折叠制作,还要把买来的糖放进去。在聊天中获知,GJQ 准备给儿子娶媳妇,预计在今年十月份办喜事,糖盒是儿子从网上买的寄到村里,GJQ 收到信息后到 Z 镇取回来的。能看得出来,WHM 对即将举办的喜事感到非常开心。因为第一次接触,WHM 边说话边低头微笑,有点腼腆,但能看出来 GJQ 和 WHM 都是很善良的人。

"置办婚房":2019 年 8 月 29 日,星期四。我们再次来到 GJQ 家。聊天中,我问道,最近买什么东西了吗? WHM 说:"前几天买了些茶和糖,置办些结婚用的东西。"随后就问了网红梳妆台的由来,是 GJQ 的儿子从网上买的,用来置办东厢房,作为儿子的婚房。我们随后进入婚房看了看。WHM 已经把床上用品置办好了，新做的被子上面铺着塑料纸用来防尘。墙上已经挂好两个人的婚纱照。GJQ 说是儿子在 L 市拍的。床头还摆着两个布娃娃，其中有一种美好的寓意，WHM 说布娃娃是买床单的时候送的。整个房间是一片欣欣向荣的气息。GJQ 说儿子在 L 市工作忙，能准备些什么就准备些，到时候包席就好，所有的都由别人来做，一桌 450 元，现在农村办席特别方便。

在 WHM 家待了一会，WHM 带我们去隔壁的杨阿姨家串门，杨阿姨家的上房门上还贴着喜字。杨阿姨说她的儿子刚办完婚礼。我们也到婚房看了看，和 GJQ 家婚房布置基本一致，墙上的婚纱照，简易梳妆台，衣柜、沙发，房间虽小，但东西齐全。杨阿姨的儿子在 L 市工作，结婚后很快回去工作了，婚房也没怎么住，我们进去时，地上还有喷花的彩纸。这也是 D 村村民普遍的生活状态，儿子们在外打拼，父母在家中操持。

在聊天中，GJQ 说最近就是想着把婚房布置好，等到中秋节的时候还得去和媒人上门"问话"。我们不懂问话的意思，GJQ 说："就是要办喜事了，办之前要沟通一下，还有什么要求，需要再准备些什么，到时候会带些茶叶等上门，算是礼度。"能感觉到，随着接触频率变高，我们之间也越来越熟悉，说话也没有那么拘谨了。而大家说的话我也能第一时间反应过来。

"老两口的新衣服"：2019 年 9 月 2 日，星期一。再次到 GJQ 家和他们聊天，看到 WHM 西厢房里有个写着火狐狸的袋子，里面装了几件衣服。和 WHM 聊了聊火狐狸的情况，火狐狸是县里的购物商场。GJQ 说："啊呀，一进去就转着不出来了，我就在外面等啊等。"GJQ 太可爱了。WHM 说前几天去买了件衣服，本来打算娶媳妇得置办几件新的，但是都太贵了，怕自己穿上又不好看，买了一件衬衫，59 块钱。WHM 说好几年没买新衣服了，GJQ 穿的上门提亲的新衣服都是兄弟们给的。GJQ 的几个哥哥在市里发展，生活条件都比较好，过几天去亲家家里问话，要穿上"新"衣服，之前上门提亲的时候穿上新衣服的感觉很精神。

"新郎官和新娘子"：2019 年 9 月 5 日，星期四。在 GJQ 家的磨面房里和 GJQ 夫妇聊天，聊到儿子的情况，我和这位新郎官还未谋面，但充满了好奇心。GJQ 夫妇就这一个儿子，叫 GH，WHM 说因为她身体不好，生完 GH 后就没再生，就这么一个孩子，孩子太孤单了。新娘是 GH 的高中同学，两个人一起经历了高中、大学，之前都在 N 省 Y 市工作，现在都回到 L 市了，两个人在 L 市置办了房子。GJQ 积攒多年，给添了一些钱。可怜天下父母心，GJQ 夫妇舍不得穿，吃饭也很简单，都是为了儿子积攒，还考虑没给儿子生个弟弟妹妹，害怕他孤单。聊到儿子，WHM 说，GH 从小特别乖，很听话，但就是不好好学习。在 H 县城读书的时候，WHM 每天做好饭等着，眼看放学了，WHM 着急地望着，儿子就从她背后回来了，应该是放学去玩儿了。因为贪玩儿所以没考上名牌大学，聊到儿子时，WHM 眼中流露出的怜爱令我印象深刻。准新娘是 D 村旁边村里的姑娘，现在全家人都已搬到 L 市。家里还有一个哥哥，没什么负担。说到这里，WHM 脸上露出笑容，女方家庭条件较好，这是好事。问了 WHM 娶媳妇花了多少彩礼钱，WHM 说六万元，其他什么都没要，女方家里通情达理，没什么可挑的。六万元在 D 村算是正常的，不高也不低，村民普遍都是这样的。对 WHM 和 GJQ 来说，就这一个儿子，也不算负担。

"上城请亲戚"：2019 年 9 月 9 日。一早来到 D 村，直接到 GJQ 家，发现 GJQ 家的大门紧锁，应该是不在。给 GJQ 打了电话，GJQ 说，今天去 H 县里请亲戚了，要下午才能回来。随后我们到郭大哥家聊天，嫂子说，请亲戚就是办婚礼的时候要上门去请 WHM 的娘家人，也就是 GH 的舅舅们，这是办喜事的礼俗之一。我开玩笑和 GJQ 说，开着车少喝酒啊，GJQ 说请完了还要去置办些东西，不喝了。

"喜事临近"：2019 年 9 月 20 日，星期五。经过一段时间相处，和 GJQ 一家已经很亲近了。好事来临，GJQ 已经在朋友圈发了儿子结婚的电子邀请函，邀请函中有儿子的婚纱照，很时尚。家里该置办的东西都已经齐全，上次去城里请舅舅的时候顺便去了县城南关的市场，在杂货铺子里都买好了，包括喜字和婚房布置的东西。GJQ 去问话的时候，女方家招待周全，也没有提新的要求，更能看出来，女方家父母的通情达理。GJQ 说，其中媒人起到的作用很大，媒人是 GJQ 拜托乡里的老师担任。我也做好了参加婚礼的准备，GJQ 表示非常欢迎，我告诉 GJQ，需要置办什么我可以从 L 市置办，他说暂时没有，需要的话会告诉我的。

"院落布置"：2019 年 10 月 3 日，星期四。婚礼在 GJQ 家院子里举行，亲戚们吃饭用的帐篷，还有婚礼仪式的主席台都放置在院子里。下午四点多，GJQ 请的礼仪团队已将物资拉来。村里的熟人，如老支书的孩子们，马老先生的儿子等，还有 G 家的小辈们都来帮忙，小辈们大都在外读大学，正好国庆节都回来了，这帮孩子们很给力，里里外外，跑前跑后，被访者 E 夫妇还有一些远房的亲戚们也都到了。WHM 里里外外忙碌着，我特地看了一下 WHM 准备穿的衣服，是一件红色的毛衣，WHM 说在县城买的，花了 190 块钱。GJQ 也忙忙碌碌。H 县天很冷，好像要下雨，到晚上十点多，被访者 E 的爱人拍了一些院子里的小视频发到快手上，拍了忙碌了一整天的成果，院子里张灯结彩。天气虽然冷，但感觉 GJQ 夫妇俩心是热的，明天就要娶亲，车辆、出发时间等都得安排妥当。晚上，还要举行"接纸"仪式，接纸仪式是把 G 姓三代以内亡故的亲人们接进门来，告诉 G 姓的后人结婚了。由家里的长者端个盘子，盘子里放着写好的牌位、纸钱、香、茶水、酒等去马路边特定的地点（老辈们留传下来的地方，一个姓和一个姓的地方不一样）烧些纸钱，插香，奠茶水、酒，然后回到家里，将牌位立到上房的桌子上，长者在桌子下面烧纸钱、上香，奠茶奠酒，所有人磕头。听说婚礼结束后当天晚上，再按这个仪式把先人们送走。

GJQ 在朋友圈发了"明天磨面坊停工"的消息，别让磨面的乡亲们白跑一趟。

"婚礼"：2019 年 10 月 4 日。我一大早出发，但因为下雨，还是去得不够早，我们到的时候已是 10：30。H 县也在下着小雨，天气非常冷，我本来想象着可能会很冷清，没想到还没进院子，就感受到了婚礼热烈的气氛。GJQ 家的巷口放置了迎宾的彩门装饰，外面已经停了好多车。进到院子里，桌子在不大的院子里面整整齐齐地摆了 8 个圆桌，每一桌能坐 8 个人。我们还碰到了前不久采访过的小卖部王老板、马先生、杨阿姨、老支书、MHX、GYX 等，好多熟悉的面孔，大家都热情打招呼，问着"来了吗"。而老村支书的孙女以及儿媳妇他们都在院子外面帮忙端菜，收拾桌子。据介绍，在 G 家有这样的传统，只要是家里有人办喜事，G 家的晚辈都会承担起招待宾客的任务。

来参与婚礼的亲朋好友，首先来到正房祭拜祖先，而祭拜的方式根据家族的不同会有所区分。女方亲戚，舅舅家的亲戚来了以后先到上房磕头，听说这是硬性要求；GJQ 本家的人，也会在祖先面前磕头敬香，而其他的宾客鞠躬即可。此外，除在 GJQ 家招待客人之外，还隆重接待了 GJQ 家贵宾——G 家的舅舅们。D 村一带的风俗就是对舅舅特别重视，舅舅们到来时，

GJQ 要鸣炮迎接。

　　婚礼仪式约 11 点的开始。仪式一：司仪介绍新郎新娘以及证婚人，新郎是最先出场的，他显得特别的紧张，随后新郎会伴随着音乐走到最前方，新郎把新娘子接过来，之后证婚人会为两位新人证婚。天气特别冷，客人们都穿着很厚的外套，新娘子穿了白色露肩的婚纱，应该心里非常热吧。新娘特别漂亮。仪式二：请长辈。证婚人证婚过后，司仪邀请新郎和新娘的奶奶，让新郎新娘敬茶，奶奶们给新人喜钱。仪式三：挂红。舅舅家的人将折起来的红色被面给新人挂到身上，GJQ 的舅舅和 GH 的舅舅分两次给新人挂红，是一种吉祥的寓意。仪式四：敬父母。GJQ 和 WHM 被邀请上台，新人敬酒，GJQ 与 WHM 给喜钱，然后 GJQ 与 WHM 讲话。GJQ 平时说话特别幽默也很大方，但是这一次显得很紧张。主持人一直都在开他的玩笑，他都有一点不好意思了，相比较 GJQ，WHM 显得特别从容。仪式五：新人交换戒指，喝交杯酒。WHM 穿着买好的红色毛衣，儿媳妇还给她买了一双红色的绣花鞋，但因为下雨天，她没舍得穿，穿了黑色旧皮鞋。

　　宴请宾客的流水席有 8 桌，但来的宾客数量较多，我们在第二批吃饭。吃饭时，旁边有一个 G 家的晚辈帮我们添茶倒水，以显示东家的礼数周到。下午 3 点左右，嘉宾基本用餐完毕，有一个"送尊客"仪式，尊客指的是女方的长辈。当女方嫁到了男方之后，男方会尽自己最大的礼数来招待女方的亲戚，在院子中间摆张桌子，桌子上摆放了酒席的面点、烟、酒，还有筷子，还有 2000 块钱。桌子北边是尊客，南边是自己家人，互相面对面作揖，作揖后，桌上的钱尊客拿走一部分，给两个新人一份，给主家留一份，媒人一份，婚礼的管家一份，大家都沾沾喜气。之后，GH 安排了车，把女方亲戚送回家。GJQ 说，其实这些都是一个很简单的仪式，也是家里的风俗习惯，但是大家都非常地重视，近些年已经简单了不少，年轻人们都不怎么讲究了。

参考文献

书籍目录

［英］安东尼·吉登斯：《社会的构成》，李康、李猛译，生活·读书·新知三联书店1998年版。

包哲兴、张同基：《精神生活及其感觉的起源》，宁夏人民出版社1998年版。

［法］鲍德里亚：《消费社会》，刘成富、全志钢译，南京大学出版社2000年版。

［英］鲍曼·齐格蒙特：《全球化——人类的后果》，郭国良、徐建华译，商务印书馆2013年版。

边燕杰等：《市场转型与社会分层：美国学者分析中国》，生活·读书·新知三联书店2002年版。

边燕杰等：《中国西部报告》，中国社会科学出版社2013年版。

［法］布尔迪厄、［美］华康德：《实践与反思——反思社会学导引》，李猛、李康译，中央编译出版社2004年版。

［法］德布雷：《媒介学引论》，陈文玲、陈卫星译，中国传媒大学出版社2014年版。

陈卫星：《传播的观念》，人民出版社2004年版。

戴思慧、卢汉龙编译：《中国城市的消费革命》，上海社会科学出版社 2003 年版。

［英］戴维·莫利：《电视、受众与文化研究》，史安斌译，新华出版社 2005 年版。

［法］多米尼克·戴泽：《消费》，邓芸译，商务印书馆 2015 年版。

费孝通：《江村经济》，北京大学出版社 2012 年版。

费孝通：《乡土中国》，人民出版社 2008 年版。

高丙中：《民俗文化与民俗生活》，中国社会科学出版社 1994 年版。

［英］格雷姆·伯顿：《媒体与社会：批判的视角》，史安斌主译，清华大学出版社 2007 年版。

［法］亨利·列菲弗：《空间与政治》，李春译，上海人民出版社 2008 年版。

黄旦：《辨音闻道识媒介：齐泽克论媒介（序）》，中国传媒大学出版社 2019 年版。

黄楠森：《人学原理》，广西人民出版社 2000 年版。

会宁县地方志编撰委员会：《会宁年鉴 2016》，甘肃人民出版社 2017 年版。

会宁县地方志编撰委员会：《会宁年鉴 2015》，甘肃人民出版社 2016 年版。

会宁县地方志编撰委员会：《会宁年鉴 2018》，甘肃人民出版社 2019 年版。

会宁县地方志编撰委员会：《会宁年鉴 2019》，甘肃人民出版社 2019 年版。

会宁县地方志编撰委员会：《会宁县历史文化丛书》，甘肃人民出版社 2016 年版。

会宁县地方志编撰委员会：《会宁县志（1990—2005）》，甘肃人民出版社 2007 年版。

会宁县地方志编撰委员会：《会宁县志》，甘肃人民出版社 2013
年版。

季松、段进：《空间的消费：消费文化视野下城市发展新图景》，
东南大学出版社 2012 年版。

［美］凯莫勒等编：《行为经济学新进展》，贺京同等译，中国人
民大学出版社 2009 年版。

［美］柯克·约翰逊：《电视与乡村社会变迁：对印度两村庄的
民族志调查》，展明辉、张金玺译，中国人民大学出版社 2005
年版。

［美］克利福德·格尔兹：《文化的解释》，韩莉译，译林出版社
2008 年版。

［美］兰斯·斯特拉特：《麦克卢汉与媒介生态学》，胡菊兰译，
河南大学出版社 2016 年版。

乐国安、汪新建主编：《社会心理学理论与体系》，北京师范大
学出版社 2011 年版。

［法］雷吉斯·德布雷：《媒介学引论》，刘文玲、陈卫星译，中
国传媒大学出版社 2014 年版。

李培林：《村落的终结——羊城村的故事》，商务印书馆 2004
年版。

李培林等：《当代中国城市化及其影响》，社会科学文献出版社
2013 年版。

李培林：《李培林自选集》，学习出版社 2009 年版。

李培林：《社会转型与中国经验》，中国社会科学出版社 2013
年版。

李强：《当代中国社会分层与流动》，中国经济出版社 1993 年版。

陆学艺：《三农续论——当代中国农业、农村、农民问题研究》，

重庆出版社 2013 年版。

罗钢、王中忱主编：《消费文化读本》，中国社会科学出版社 2003 年版。

［加拿大］马歇尔·麦克卢汉：《理解媒介：论人的延伸》，何道宽译，译林出版社 2011 年版。

［加拿大］马歇尔·麦克卢汉：《媒介与文明》，何道宽译，机械工业出版社 2016 年版。

［美］迈克尔·所罗门：《消费者行为学》，卢泰弘、杨晓燕译，中国人民大学出版社 2014 年版。

［西班牙］曼纽尔·卡斯特：《网络社会的崛起》，夏铸九、王志弘译，社会科学文献出版社 2001 年版。

［美］尼古拉·尼葛洛庞蒂：《数字化生存》，胡泳、范海燕译，海南出版社 1997 年版。

［英］尼克·史蒂文森：《认识媒介文化：社会理论与大众传播》，王文斌译，商务印书馆 2013 年版。

［美］欧文·戈夫曼：《日常生活中的自我呈现》，黄爱华、冯钢译，浙江人民出版社 1989 年版。

［德］齐美尔：《桥与门——齐美尔随笔集》，涯鸿、宇声等译，上海三联书店 1991 年版。

日本博报堂生活综合研究所：《生活者发想》，文汇出版社 2012 年版。

［美］申苏儿、申苏儿、勒孔特：《民族志方法要义：观察、访谈与调查问卷》，康敏、李荣荣译，重庆大学出版社 2012 年版。

［美］施坚雅：《中国农村的市场和社会结构》，史建云、徐秀丽译，中国社会科学出版社 1998 年版。

［美］施拉姆：《大众传播媒介与社会发展》，金燕宁等译，华夏

出版社 1990 年版。

［美］索尔斯坦·凡勃伦：《有闲阶级论》，凌复华、彭婧珞译，上海译文出版社 2019 年版。

王沪宁：《当代村落家族文化——对中国社会现代化的一项探索》，上海人民出版社 1991 年版。

王宁：《消费社会学》，社会科学文献出版社 2011 年版。

王宁：《消费社会学：一个分析的视角》，社会科学文献出版社 2001 年版。

夏铸九、王志弘：《空间的文化形式与社会理论读本》，明文书局股份有限公司 2002 年版。

［美］亚伯拉罕·马斯洛：《动机与人格》，陈海滨译，江西美术出版社 2021 年版。

阎云翔：《私人生活的变革：一个中国村庄里的爱情、家庭与亲密关系 1949—1999》，上海书店出版社 2009 年版。

杨美惠：《礼物、关系学与国家：中国人际关系与主体性建构》，江苏人民出版社 2009 年版。

杨念群等：《空间·记忆·社会转型：新社会史研究论文精选》，上海人民出版社 2001 年版。

［英］约翰·费瑟斯通：《消费文化与后现代主义》，刘精明译，译林出版社 2000 年版。

［德］约瑟夫·皮珀：《闲暇：文化的基础》，刘森尧译，新星出版社 2005 年版。

［美］约书亚·梅洛维茨：《消失的地域——电子媒介对社会行为的影响》，肖志军译，清华大学出版社 2002 年版。

赵世瑜：《狂欢与日常——明清以来的庙会与民间》，生活·读书·新知三联书店 2002 年版。

折晓叶：《村庄的再造 一个"超级村庄"的社会变迁》，中国社会科学出版社 1997 年版。

郑杭生、杨敏:《社会互构论:世界眼光下的中国特色社会理论新探索——当代中国个人与社会关系研究》,中国人民大学出版社 2010 年版。

郑红娥:《社会转型与消费革命 中国城市消费观念的变迁》,北京大学出版社 2006 年版。

中共中央马克思恩格斯列宁斯大林著作编译局编译:《马克思恩格斯文集(第五卷)》,人民出版社 2009 年版。

周晓虹:《中国体验:全球化、社会转型与中国人的社会心态嬗变》,社会科学文献出版社 2017 年版。

朱迪:《品味与物质欲望:当代中产阶层的消费模式》,社会科学文献出版社 2013 年版。

英文文献

Rainie, L. Networked, 2012, *The new social operating system*, The MIT Press, Cambridge, Massachusetts London, England.

Roger Silverstone, 2005, "The Sociology of Mediation and Communication," in Craig Calhoun, Chris Rojek, Bryan S. Turner, *The Sage Handbook of Sociology*, California SAGE Publications Ltd..

Sonia Livingstone, 2009, On the Mediation of Everything: ICA Presidential Address2008, *Journal of Communication*, Vol. 59.

期刊论文

卜卫:《"认识世界"与"改造世界"——探讨行动传播研究的概念、方法论与研究策略》,《新闻与传播研究》2014 年第 12 期。

曹晋、孔宇、徐璐:《网络民族志:媒介化的日常生活研究》,

《新闻大学》2018 年第 2 期。

曹幸穗：《口述史的应用价值、工作规范及采访程序之讨论》，《中国科技史料》2002 年第 4 期。

程毅：《大学生消费与认同：构建基于家庭收入水平差异的比较分析》，《云南民族大学学报》（哲学社会科学版）2015 年第 1 期。

丁莉：《媒介场域：社会中的一个特殊场域》，《青年记者》2006 年第 6 期。

范剑平、刘国艳：《我国农村消费结构和需求热点变动趋势研究》，《农村经济问题》2001 年第 1 期。

费孝通：《缺席的对话——人的研究在中国——个人的经历》，《读书》1990 年第 10 期。

傅海：《中国农民对大众媒介的接触、评价和期待》，《新闻与传播研究》2011 年第 6 期。

葛彬超：《媒介文化与消费主义》，《东北大学学报》（社会科学版）2009 年第 1 期。

关琼严：《媒介与空间——基于一个西北村庄的田野调查》，博士学位论文，清华大学，2013 年。

关琼严：《媒介与乡村社会变迁研究述评》，《现代视听》2012 年第 8 期。

郭建斌、王丽娜：《由"路"及"道"：中国传播研究的一种新的可能》，《国际新闻界》2021 年第 11 期。

郭建斌、张薇：《"民族志"与"网络民族志"：变与不变》，《南京社会科学》2017 年第 5 期。

郭建斌：《家电下乡：社会转型期大众传媒与少数民族社区》，博士学位论文，复旦大学，2003 年。

贺雪峰：《乡村建设的重点是文化建设》，《广西大学学报》（哲学社会科学版)2017 年第 4 期。

黄旦:《听音闻道识媒介——写在"媒介道说"译丛出版之际》,
《新闻记者》2019 年第 9 期。

黄升民、刘晓:《技术、数据、智能潮驱动下的媒介进化》,《新
闻与写作》2018 年第 7 期。

蒋建国:《改革开放以来中国媒介消费文化的发展与演变》,《山
东社会科学》2010 年第 2 期。

蒋建国:《广告符号与消费主义文化批判》,《消费经济》2007
年第 2 期。

蒋建国:《媒介消费文化:科学视野与研究进路》,《消费经济》
2009 年第 1 期。

金玉萍:《日常生活实践中的电视使用——托台村维吾尔族受众
研究》,博士学位论文,复旦大学,2010 年。

李洪君:《当代乡村消费文化及其变革:一个东北村庄的物质、
规范与表达》,博士学位论文,华中科技大学,2014 年。

李培林:《改革开放 40 年,全景扫描我国阶层结构新变化》,
《劳动保障世界》2018 年第 8 期。

李培林:《另一只看不见的手:社会结构转型》,《中国社会科
学》1992 年第 5 期。

李强:《社会分层与社会空间领域的公平、公正》,《中国人民大
学学报》2012 年第 1 期。

罗钢:《西方消费文化理论述评(上)》,《国外理论动态》2003
年第 5 期。

马会:《中国农村居民消费能力提升路径研究》,博士学位论文,
辽宁大学,2015 年。

潘忠党、魏然:《大众传媒的内容丰富之后——传媒与价值观念
之关系的实证研究》,《新闻与传播研究》1997 年第 4 期。

彭兰：《连接与反连接：互联网法则的摇摆》，《国际新闻界》
2019 年第 2 期。

钱佳湧：《行动的场域：媒介意义的非现代阐释》，《新闻与传播
研究》2018 年第 3 期。

邱泽奇：《技术与组织的互构——以信息技术在制造企业的应用
为例》，《社会学研究》2005 年第 2 期。

曲兆鹏、赵忠：《老龄化对我国农村消费和收入的不平等的影
响》，《经济研究》2006 年第 12 期。

沙垚：《民族志传播研究的问题与反思》，《国际新闻界》2018
年第 6 期。

沙垚：《乡村传播研究的范式探索》，《新闻春秋》2015 年第
4 期。

沙垚：《重构中国传播：传播政治经济学者赵月枝教授专访》，
《新闻记者》2015 年第 1 期。

孙玮：《城市传播：重建传播与人的关系》，《新闻与传播研究》
2015 年第 7 期。

孙玮：《作为媒介的城市：传播意义再阐释》，《新闻大学》2012
年第 2 期。

孙信茹、杨星星：《"媒介化社会"中的传播与乡村社会变迁》，
《国际新闻界》2013 年第 7 期。

孙莹：《移动短视频"抖音"App 的消费主义表现及其成因——
基于网络民族志的考察》，《新闻世界》2019 年第 7 期。

王斌：《从技术逻辑到实践逻辑：媒介演化的空间历程与媒介研
究的空间转向》，《新闻与传播研究》2011 年第 3 期。

王冰雪、张允：《论新疆维吾尔族受众媒介消费行为及空间拓展》，
《新疆师范大学学报》（哲学社会科学版）2014 年第 5 期。

王春光：《关于乡村振兴中农民主体性问题的思考》，《社会发展

研究》2018 年第 5 期。

王宏伟：《中国农村居民消费的基本趋势及制约农民消费行为的
　　基本因素分析》，《管理世界》2000 年第 4 期。

王铭铭：《传媒果代与社会人类学》，《新闻与传播研究》1996
　　年第 4 期。

王维佳：《现代中国空间政治变迁中的知识分子与文化传播》，
　　《天涯》2011 年第 5 期。

王玉樑：《论主体性的基本内涵与特点》，《天府新论》1995 年
　　第 6 期。

肖立：《我国农村居民消费结构与收入关系研究》，《农业技术经
　　济》2012 年第 11 期。

谢玲红、魏国学：《"十四五"时期扩大农村消费的形势及建
　　议》，《宏观经济管理》2022 年第 4 期。

熊慧：《范式之争：西方受众研究"民族志转向"的动因、路径
　　与挑战》，《国际新闻界》2013 年第 3 期。

徐锋华：《中国农民生活 50 年写真——读〈私人生活的变革〉》，
　　《社会科学评论》2006 年第 3 期。

许尔忠、刘治立：《陇东文化研究归述》，《人民论坛》2014 年。

杨宜音：《关系化还是类别化：中国人"我们"概念形成的社会
　　心理机制探讨》，《中国社会科学》2008 年第 4 期。

杨宜音：《试析人际关系及其分类——兼与黄光国先生商榷》，
　　《社会学研究》1995 年第 5 期。

尹世杰：《极高精神消费力与繁荣精神文化消费》，《湖南师范大
　　学社会科学学报》1994 年第 6 期。

张放：《非浸入式诠释性探究：方法论视野下"受众民族志"的
　　重新定位及其当代意义》，《新闻与传播研究》2015 年第 2 期。

张明新、方飞：《媒介、关系与互动：理解互联网"公众"》，

《现代传播》2021 年第 12 期。

张义博、涂圣伟：《构建新发展格局下扩大农村消费的路径与对策》，《宏观经济研究》2022 年第 11 期。

张翼、林晓珊：《消费不平等：资源支配逻辑和机会结构重塑》，《甘肃社会科学》2015 年第 4 期。

张翼：《改革开放 40 年来中国的阶层结构变迁与消费升级》，《社会科学文摘》2018 年第 11 期。

赵月枝、祝盼、梁媛：《在中国西北想象"新地球村"——赵月枝教授谈全球视野下的乡村文化传播研究》，《中华文化与传播研究》2020 年第 1 期。

郑欣：《媒介使用动机与文化消费——以江苏省三地城乡居民为对象的考察》，《南京大学学报》（哲学人文社会科学版）2006 年第 9 期。

周慧秋、梁荣成：《互联网＋对农村消费市场知识溢出效应研究》，《商业经济研究》2017 年第 6 期。

朱迪：《城市化与中产阶层成长——试从社会结构的角度论扩大消费》，《江苏社会科学》2013 年第 3 期。

周娟：《"消费精英"空间生产：权力场域中的媒介拟态消费》，博士学位论文，武汉大学，2010 年。

后　记

经历了从调研至今的五年岁月，如今终于可以放下论文高结构化的语言，任性写写。书稿还有很多不完善，在出版之前，甚至想让时间静止。但也只能宽慰自己，缺憾是日常，再所难免。好在书稿只是节点，研究历久弥新，思考也不会止步。作为一个晚入消费研究领域的青年学者，还有太多的理论与经验的大山没有越过，此作在理论对话的高度也多是遗憾，如有机会，愿能弥补。

从初见 D 村的被访者，到如今胜似家人的村民，都对我坦诚相待，这是研究顺利进行的保障。至今还记得嫂子的西红柿炒鸡蛋、大白米饭，以及四婶放满了小红葱的肉汤，一切都那么鲜活。希望 D 村的你们永远幸福。

有太多想写的东西，好像明白了父亲心中无处安放的波涛汹涌，所以他活得热烈而勇敢。愚钝如我，太晚才知道些许。

感谢黄京华老师的指导，学术入脑，学术之外的点滴已入心，您的智慧与冷静，我受用一生。感谢王俊秀老师的悉心教导，您的包容、理解，让我有迈步从头越的勇气，也让我看似突兀的职业抉择一点点落地。感谢张宏老师，鼓励我探索自己的更多可能。谨遵各位教诲，我将在求学道路上无限接近真、善与美。

感谢课题组和研究室的老师们，没有你们，我没有勇气将这些文字出版。感谢小伙伴们与我共享这段岁月的每个起伏瞬间，高山流水，情谊长存。

感谢王总，听了我那么多碎碎念，是你让我不断确认自己的初心，勇往直前。

感谢陈先生。

附博士论文致谢：

"谨以此文献给我的导师黄京华教授，我的两位妈妈：宫淑华、云丽珍，我的女儿阿烯塔。

献给 D 村的亲人们。

献给心中一直拥有的草原和荒漠。

身为学者，深感笔触之无力，但庆幸于田野带给研究的生命力，至少可以把论文写在祖国的大地上，以此作为前行的动力，不负导师的教诲与期望。"

未来时日，阴天也要快乐。

2024 年 10 月